Réalités 4

Nouvelle édition

Carnet d'activités

Cornelsen

***Réalités* 4** *Nouvelle édition*
Carnet d'activités

im Auftrag des Verlages erarbeitet von
Catherine Jorißen

und der Redaktion Moderne Fremdsprachen
Marie-France Lavielle
Gabriela Alonso (Assistenz)

Lay-out und Umschlaggestaltung: Regelindis Westphal
Satz und Litho: Satzinform, Berlin
Illustrationen: Laurent Lalo

Achte auf diese Zeichen:
○● Hier gibt es zwei Übungen zur Auswahl: Die leichtere Übung ○ kannst du anstelle der anspruchsvolleren Übung ● machen und umgekehrt natürlich auch.
Hast du eine ○ leichtere Übung gelöst, kannst du anschließend die ● anspruchsvollere Übung probieren.
Hast du bei einer ● Übung Schwierigkeiten, versuche zuerst die ○ Übung zu machen.

Bildquellen: © AKG, S. 63 (unten rechts) – © Bayard Presse: Okapi, N. 679, 2000, S. 10; Okapi, N. 699, 2001, S. 12 – © Cinetext, S. 47 – © Collection Christophel, S. 60 (rechts, unten links); S. 22 – © Cornelsen, Belfis, S. 5 (unten Mitte); Perregaard S. 5 (unten rechts); Schulz, S. 5 (oben links), S. 17, S. 18 (unten links u. rechts); © Editions du Seuil, S. 42 – f1 online: © Hoaqui, S. 37 (unten rechts) – © Éditions Glénat / Hachette Livre, 2001, S. 10 – © Journal de l'Agence de la Francophonie, S. 69 – laif: © Krinitz, S. 4; © Zanettini, S. 8 – Mauritius: © AGE, S. 58; © Jiri, S. 25; © Leblond, S. 56 (Mitte); © Mayer, S. 3; © Photothèque SDP, S. 56 (unten); © Scott, S. 30; © Vidler, S. 3 (unten Mitte) – © Ministère des Affaires Étrangères, Images de France, édition 2000, S. 3, S. 18 (oben links); Images de France, édition 2003, S. 5 (unten links), S. 56 (oben rechts) – TGV Méditerranée: © http://www.tgv.com/mediterranee, S. 37 (unten links) – Office de Tourisme de Liège – © Editions de l'Octogone, S. 65 – Office de Tourisme de Liège: © FTPL, Yves Gabriel – S. 63, © Mahaux Photographie – ullstein bild, S. 63 (links); S. 67.

www.cornelsen.de

1. Auflage, 2. Druck 2006

Alle Drucke dieser Ausgabe sind inhaltlich unverändert und können im Unterricht nebeneinander verwendet werden.

Druck: CS-Druck CornelsenStürtz, Berlin

Schülerheft:
ISBN-13: 978-3-464-22266-9
ISBN-10: 3-464-22266-7

Lehrerfassung:
ISBN-13: 978-3-464-22306-2
ISBN-10: 3-464-22306-X

Inhalt gedruckt auf säurefreiem Papier, umweltschonend hergestellt aus chlorfrei gebleichten Faserstoffen.

Bonjour, tout le monde!

1 Qu'est-ce qu'on dit?

Tu es arrivé(e) dans une famille en France et tu réponds à leurs questions. (→ Petit dictionnaire, p. 169)

Deine Gastgeber wollen wissen,

1. woher du kommst.

____

____

2. welche Sprachen du sprichst.

____

____

3. in welche Klasse du gehst.

____

4. für welche Sportart du dich interessierst.

____

____

5. was du werden möchtest.

____

____

____

2 La France et les Français

Est-ce que tu connais Paris?
Trouve les noms.

1. C'est le nom de la cathédrale de Paris.

____

2. Donne le nom d'un cimetière très célèbre.

____

3. C'est un grand cinéma dans la Cité des Sciences et de l'Industrie.

____

4. C'est le fleuve qui traverse Paris.

____

5. C'est un quartier d'artistes où se trouve le Sacré-Cœur.

____

6. C'est une tour de 317 mètres qui est née en 1889.

____

3 Conjugaison

a *Qu'est-ce qu'ils font? Écris les phrases au présent.*
(→ Les verbes, p. 113)

1. conduire

2. comprendre

3. réfléchir

4. ouvrir

5. applaudir

6. construire

7. vendre

8. offrir

9. apprendre

10. attendre

1. Il conduit une voiture.
2. ______
3. ______
4. ______
5. ______
6. ______
7. ______
8. ______
9. ______
10. ______

b *Mets les verbes de* **a** *au passé composé.*

1. ______
2. ______
3. ______
4. ______
5. ______
6. ______
7. ______
8. ______
9. ______
10. ______

c *Quels verbes ont la même conjugaison? Note-les à l'infinitif.*

1. ______
2. ______
3. ______
4. ______
5. ______

4 Les temps du passé

a *Lis la carte de Romain à sa grand-mère.*

Mayne, le 12 juillet 2004

Chère Mémé,

Je passe des vacances très intéressantes à Mayne, en Provence. Avec d'autres jeunes, je nettoie les collines. On replante des arbres. On reconstruit des vieux murs. J'apprends plein de choses. Le travail est crevant parce qu'il fait très chaud. Mais on ne travaille pas tous les jours. Le week-end, on fait des excursions pour mieux connaître la région. Le soir, à Mayne, on mange toujours dehors et après le repas, on passe des heures à discuter. C'est super!

Grosses bises Romain

b *Qu'est-ce qu'il raconte à ses camarades le jour de la rentrée? Continue. Utilise le passé composé et l'imparfait.*

J'ai passé des vacances très intéressantes à Mayne. Avec d'autres jeunes, j'ai ______

______

______

______

______

______

______

5 Le vocabulaire

a *Trouve quatre mots pour chaque thème.*

1. le métro: ______
2. la musique: ______
3. l'école: ______
4. le monde du travail: ______
5. la campagne: ______

b *Choisis un thème de* **a** *et écris une petite histoire dans ton cahier. Utilise les mots de «ton» thème.*

DELF **6** *Choisis une de ces personnes et imagine: Qui est cette personne? Qu'est-ce qu'elle aime? Comment est-elle? Présente-la. Écris dans ton cahier.*

Nom? Famille?
Il/Elle est né/e ___
habiter à ___
venir de ___

aimer ___ / s'intéresser à ___ / détester / ___

être sportif/actif/sérieux/(mal)heureux/courageux/déprimé/drôle/égoïste/gentil/capricieux/généreux/stressé/___

Dossier 1 Les autres et moi

SÉQUENCE 1

1 *Complète par des formes du verbe* vivre.
(→ Les verbes, p. 118)

1. Mon correspondant et ses parents ______________ à Nantes.
2. Vous ______________ depuis longtemps au Canada?
3. Lucien ______________ dans cet immeuble.
4. – Tu ______________ seul?
   + Non, je ______________ encore chez mes parents.
5. Pendant trois ans, nous ______________ à Madrid. Maintenant, nous ______________ à Nice.

2 **a** *Écris le contraire. Utilise* personne ne ___ *ou* rien ne ___ .*

* Diese Übung ist nur für bayrische Schüler/innen obligatorisch.

1. Tout le monde m'aime.

____

____

2. Tout le monde pense à moi.

____

____

3. Tout est simple pour moi.

____

____

4. Tout est permis.

____

____

____

____

5. Tout le monde me comprend.

____

____

6. Tout est possible ici.

____

____

b *Trouve encore deux phrases comme en* **a** *. Écris dans ton cahier.*

3 O **a** *Trouve les adverbes et écris-les.* (→ Repères, p. 13/2)

1. bizarre ______________
2. chaud ______________
3. dangereux ______________
4. drôle ______________
5. entier ______________
6. généreux ______________

b *Complète les phrases avec les adverbes de* **a** .

1. On a vu ce film et on a ______________ rigolé.
2. Pourquoi est-ce que tu me regardes ______________ ?
3. Il fait froid aujourd'hui. Il faut s'habiller* ______________ .
4. Tu as raison: Je suis ______________ de ton avis.
5. Nos voisins nous ont ______________ proposé leur aide.
6. Tu conduis trop vite! Tu vis ______________ .

* **s'habiller** sich anziehen

4 ● *Adjectif ou adverbe? Complète les phrases.* (→ Repères, p. 13/2)

bruyant | froid | tranquille | gentil | malheureux

1. Le quartier est très ______________ , c'est le problème.
2. Ma prof de maths est très ______________ .
3. J'ai peur de lui parce qu'il me regarde toujours ______________ .
4. On a encore assez de temps pour finir ______________ ce travail.
5. Brrrrr ... L'eau est ______________ aujourd'hui .
6. Le guide a répondu ______________ à toutes nos questions.
7. Sois ______________ , je ne vais pas rester longtemps.
8. Il pleure parce qu'il est ______________ .

   Mais ______________ , je ne peux pas l'aider.

5 *Relis le texte, p. 10. À ton avis, quels mots et quelles expressions vont avec le mot «amour»? Fais un associogramme. Puis complète-le avec d'autres mots que tu connais déjà.* (→ Liste alphabétique, p. 151)

DELF **6** *Joue le rôle d'un lecteur / d'une lectrice: Réponds à Cédric et donne-lui des conseils. Écris dans ton cahier.*

Au secours!
J'ai fait la connaissance de ma copine sur Internet. On s'est écrit des semaines avant de se rencontrer. Quand on s'est vus la première fois, je suis tombé fou amoureux d'elle. Pendant deux mois, on a vécu très heureux. Et puis, un jour, elle m'a dit qu'elle ne m'aimait plus et que c'était fini entre nous. Elle ne veut plus me voir. Mais moi, je ne peux pas vivre sans elle et je ne sais plus quoi faire. *Cédric*

La France en direct: Comprendre les SMS

7 **a** *Regarde les messages et retrouve leur sens. Relie.*

:-)	1	a	Je suis fou/folle.
;-)	2	b	Je t'embrasse.
;-(	3	c	Je suis étonné/e.
{:)	4	d	Je suis content/e.
X-(	5	e	Je suis furieux/-euse.
:X	6	f	J'ai envie de pleurer.
:O	7	g	Je t'aime.
:-*	8	h	Je rigole, je ne suis pas sérieux/-euse.

b *Déchiffre le message. Écris-le en français standard.*

____

____

____

Lecture: Un mensonge[1]

DELF **8** **a** *Tu ne connais pas tous les mots, mais tu peux comprendre l'histoire. Lis le texte.*

1 **le mensonge** die Lüge
2 **mentir** lügen 3 **emprunter qc** etw. ausleihen 4 **avouer qc** etw. zugeben 5 **la vérité** die Wahrheit
6 **se débarrasser de qc** etw. loswerden

Tahar Ben Jelloun raconte sa première amitié au Maroc quand il était enfant.

D'un an plus âgé, mon ami avait l'air plus jeune que moi. Je venais d'entrer en sixième. Quand je lui ai demandé en quelle classe il était, il m'a répondu «en cinquième» avec l'air de dire «bien sûr». Et moi, sans réfléchir, j'ai répondu «moi aussi». J'ai menti[2] pendant deux ans. Nous nous écrivions des lettres. Il me parlait des auteurs qu'il lisait en classe et je courais à la bibliothèque française pour emprunter[3] ces livres: J'essayais de les lire à mon tour pour pouvoir en discuter avec lui. Deux étés plus tard, je lui ai écrit une longue lettre où j'avouais[4] la vérité[5]. Je préférais m'en débarrasser[6]. Cela a été la fin de notre amitié. Je n'ai plus reçu de lettre de lui. (...) La leçon se résumait ainsi: j'ai perdu un ami parce que je lui ai menti.

D'après: Tahar Ben Jelloun, La Soudure fraternelle (gekürzt und leicht verändert)

b *Réponds aux questions.*

1. *À ton avis, pourquoi est-ce que Tahar Ben Jelloun a menti à son ami?*

____

____

2. *Qu'est-ce que tu penses de la réaction de son ami?*

____

____

____

1 **a** ○ *Relie les phrases.* (→ Repères, p. 16/1)

b *Écris les phrases de* **a** *dans ton cahier.*

Son prof veut qu'il	1	a	te lèves à six heures demain.
Il faut que nous	2	b	rentriez avant la nuit.
Je veux que vous	3	c	partions à l'heure.
Il faut que tu	4	d	prenne le bus avec elle.
Je voudrais qu'ils	5	e	lise un texte de trois pages pour demain.
Ma copine veut que je	6	f	écrivent à leurs grands-parents.

2 *Lis d'abord les phrases et réponds: Qu'est-ce que le jeune homme doit faire?* (→ Repères, p. 16/1)

a ○ *Utilise* Il doit *+ infinitif.*

b ● *Utilise* Il faut qu'il *+ subjonctif.*

* **avoir confiance** Vertrauen haben

____

____

____

____

____

____

3 *Reconstitue les phrases. Écris-les dans ton cahier.* (→ Repères, p. 16/1)

Je veux que	tu viens demain.
Je sais que	tu viennes demain.
Est-ce que vos parents savent que	vous allez au cinéma?
Est-ce que vos parents veulent que	vous alliez au cinéma?
La mère du jeune homme voudrait que	son fils est heureux.
La mère du jeune homme pense que	son fils soit heureux.
Je suis sûr que	Samantha ait raison.
Je voudrais que	Samantha a raison.
Nous croyons que	les élèves font leurs devoirs sérieusement.
Nous voulons que	les élèves fassent leurs devoirs sérieusement.

4 ● *Qu'est-ce que tu voudrais?*

a *Finis les phrases. Utilise le subjonctif.* (→ Repères, p. 16/1.2)

1. Je voudrais que mes copains ______________________________

2. Je veux que mon frère / ma sœur ______________________________

3. Il faudrait (il faut) que mes profs ______________________________

4. Je voudrais que, dans mon école, ______________________________

5. Je voudrais que mon ami(e) ______________________________

b *Continue. Forme encore trois vœux*. Utilise* Je veux / Je voudrais / Il faut que + *subjonctif.*

____

____

____

* **le vœu** der Wunsch

Lecture: Titeuf – Le scrabble de la mort

DELF **5** **a** *Lis d'abord le texte. Pourquoi est-ce que Titeuf n'aime pas jouer au scrabble avec ses grands-parents?*

____

____

Quand je suis chez pépé et chez mémé, je suis obligé[1] de faire la partie de scrabble la plus longue de l'histoire.
Pépé et mémé sont aussi lents[2] l'un que l'autre.
Ils réfléchissent des heures pour trouver des mots pas intéressants. Et quand je trouve un chouette mot ... ils vérifient[3] à chaque fois dans le dictionnaire pour me dire que ça n'existe pas. Ce qui[4] est encore plus terrible, c'est que, quand mémé joue, pépé essaie de l'aider et que mémé essaie de trouver des mots pour pépé.
Moi, je passe mon temps à prier[5] pour que[6] le jeu s'arrête. Il est arrivé que le Bon Dieu m'entende! J'étais super heureux. Mais après avoir crié par la fenêtre sur les types qui jouaient au foot dans la cour, pépé s'est calmé[7]. Il a dit: «C'est pas grave, on va recommencer une partie, et Titeuf va mieux se concentrer.»
Depuis ce jour, je déteste le scrabble et ... le foot.

D'après: Zep, Titeuf, Le scrabble de la mort

1 **obligé/e** gezwungen 2 **lent/e** *adj.* langsam 3 **vérifier qc** contrôler qc 4 **ce qui** was 5 **prier** beten 6 **pour que** damit 7 **se calmer** sich beruhigen

b *Est-ce que tu aimes jouer à des jeux avec ta famille? Raconte une petite situation dans ton cahier.*

DELF **1** *Qui parle? Note le numéro des phrases.* (→ Texte, p. 17)

Un/e élève de sixième:	Un/e élève de troisième:	Le professeur:
______	______	______

1. J'aime ce rôle, ça m'apprend à expliquer.
2. J'ai organisé cette opération de tutorat pour aider les élèves qui ont des problèmes à l'école.
3. Quand un grand m'explique quelque chose, je comprends mieux, avec les profs, c'est pas pareil ...
4. Ça me plaît et puis, comme ça, je révise des trucs oubliés.
5. J'ai lancé cette opération, il y a six ans.
6. J'aime faire ça. Et puis, quand je ne comprends pas un truc, les profs m'aident.
7. Moi aussi, en sixième, j'avais des problèmes scolaires. Les rencontres avec ma tutrice m'ont fait du bien.
8. Je suis content quand le mardi arrive parce qu'on va m'aider à faire mes devoirs.

2 **a** *Retrouve huit verbes à l'infinitif dans la grille, note-les et trouve le message caché.* (→ Les verbes, p. 113)

______ ______ ______ ______ ______ ______ ______ ______

D	E	A	P	P	R	E	N	D	R	E	S
R	E	N	D	R	E	T	A	I	D	E	R
U	T	P	R	O	F	I	T	E	R	E	U
R	S	P	T	R	A	Î	N	E	R	O	U
R	R	É	D	I	G	E	R	L	E	S	S
I	X	I	È	B	A	V	A	R	D	E	R
A	T	T	E	N	D	R	E	M	E	S	X

Le message caché dans la grille: ______

b *Écris une phrase avec chaque verbe de* **a** *dans ton cahier.*

3 ○ *Complète les bulles. Utilise* à *ou* de. (→ Repères, p. 19/2)

4 ● *Donne des exemples.*

1. Tes parents t'empêchent de faire quelque chose.

Ils m'empêchent de ______________________________

____

2. Un professeur te demande de faire quelque chose.

Il me demande de ______________________________

____

____

3. Ton ami/e t'aide à faire quelque chose.

____

____

____

4. Tu essaies de faire quelque chose.

____

____

5. Tu es content/e de faire quelque chose.

____

____

6. Tu voudrais apprendre à faire quelque chose.

____

____

7. Tu n'as pas le temps de faire quelque chose.

____

____

5 *Écris au moins six phrases avec ces éléments dans ton cahier. Il y a plusieurs possibilités.*

aimer, vouloir, pouvoir, commencer, savoir, arrêter, avoir le temps, détester, devoir, continuer, apprendre, préférer	à, de, –	surfer sur Internet, faire de la danse, faire la vaisselle, faire la cuisine, ranger l'appartement, lire un bon roman, regarder la télé, aller au cinéma, aller à la piscine, rendre service, écouter de la musique, faire un voyage

La France en direct: Une B.D.

DELF **6** *Regarde ces dessins et raconte l'histoire. Écris dans ton cahier.*

1 **se sentir à l'aise** se sentir bien 2 **s'éclater** *fam.* s'amuser 3 **ce que / ce qu'** was 4 **la liberté** die Freiheit 5 **la prison** das Gefängnis

DELF **1** *Quelles phrases sont justes? Coche la bonne case.* (→ Texte, p. 20)

1. ☐ Trois jeunes participent à une émission sur les relations des jeunes entre eux.
2. ☐ Pour les trois jeunes, la famille est importante.
3. ☐ Guillaume ne ment jamais parce qu'il déteste ça.
4. ☐ Séverine ment parfois.
5. ☐ Jean-Baptiste dit toujours la vérité.
6. ☐ Séverine a des problèmes avec ses parents.
7. ☐ Ils lui interdisent beaucoup de choses.
8. ☐ Guillaume a le droit de tout faire.
9. ☐ Les parents de Jean-Baptiste interdisent à leur fils les choses qu'ils détestent.
10. ☐ Jean-Baptiste n'a pas confiance en ses parents, mais en ses amis.
11. ☐ Guillaume a confiance en ses parents.
12. ☐ Séverine peut tout dire à ses parents.

2 **a** *Regroupe ces mots ou groupes de mots par paires de contraires ou de synonymes (mots qui veulent dire la même chose).*

interdire qc à qn
dire la vérité à qn
répondre aux questions de qn
avoir confiance en qn
toujours plein de trucs
commencer qc
beaucoup de choses
demander qc à qn
pouvoir compter sur qn
mentir (à qn) finir qc
permettre qc à qn
dans toutes les situations

____________ ≠ ____________
____________ ≠ ____________
____________ ≠ ____________
____________ ≠ ____________
____________ = ____________
____________ = ____________
____________ = ____________

b *Fais au moins six phrases avec des mots de* **a**.

DELF **3** *«Quand on ment, on a des bonnes raisons.» Qu'est-ce que tu penses de cette phrase?* (→ Méthodes et stratégies, p. 111)

Tu peux utiliser:
Je crois que ___
Je pense que ___
Je trouve que ___
Je (ne) suis (pas) d'accord avec ___
À mon avis, ___

____

____

____

____

____

Réviser: Les prépositions

4 *Complète par* à, de/d', en, par, pour *ou* sur.

Réviser: Les pronoms objet avec l'impératif

5 *Remets les phrases dans l'ordre et écris-les.*

1. moi explique jeu les du règles

2. quand lui parle réponds te il

3. son avis lui demandez

4. où nous allez vous dites

5. regarde dans les moi yeux

6. un leur message envoyons

Lecture: Les frères et sœurs

DELF **6** **a** *À la question d'un magazine: «Tes frères et sœurs, amis ou ennemis?» voici ce que* des jeunes ont répondu. Lis leurs réponses.*

▶ Je me dispute beaucoup avec eux! Je les déteste pendant deux heures, puis ça passe jusqu'à la dispute suivante. Mais je les aime.
Zoé, 14 ans

▶ Mon frère est comme mon meilleur ami. On fait plein de choses ensemble, mais on se dispute pour un rien.
Charles, 15 ans

▶ Avant, mon frère et moi, on se disputait tout le temps, mais depuis qu'il est parti vivre à Paris, c'est l'horreur. Je m'ennuie terriblement.
Damien, 16 ans

▶ J'ai trois petites sœurs et un petit frère. Le problème, c'est que mes parents leur donnent toujours raison. J'en ai assez!
Éléonore, 13 ans

▶ Parfois, je lui parle gentiment, mais il est méchant … On rigole, puis une heure après, ça recommence.
Anne, 13 ans

* **ce que** was

b *Choisis une des réponses de* **a** *, puis donne des conseils à la jeune fille ou au jeune garçon. Écris dans ton cahier.*

c *À ton tour, réponds à la question du magazine. Écris dans ton cahier.*

Bilan autocorrectif

Hier kannst du deine Lernerfolge überprüfen. Die ◢◢ verweisen auf die entsprechenden Séquences im Schülerbuch. Wähle die Teile des Bilan aus, die ihr im Unterricht durchgenommen habt, und versuche die Übungen ohne Hilfe zu lösen. Vergleiche dann deine Ergebnisse mit den Lösungen auf S. 76. In der rechten Spalte im Lösungsteil findest du Hilfestellungen und Anregungen, wie du etwas, was du noch nicht beherrschst, noch einmal trainieren kannst.

◢ SÉQUENCE 1

1 Vocabulaire et expression

Traduis.

1. Er weiß nicht mehr, was er sagen soll.

___

2. Man muss den anderen zuhören können.

___

3. Vor einem Jahr haben wir eine Reise nach Kanada gemacht.

___

2 Die Bildung des Adverbs

Trouve les adverbes, puis complète les phrases.

inutile — sérieux — différent — constant

1. Ça suffit, on discute ______, je préfère m'en aller.
2. Avec toi, on ne peut jamais parler ______.
3. J'ai compris, la prochaine fois, il faut agir ______.
4. Ah, ces deux-là ... Ils bavardent ______.

3 Die Verneinung mit personne ne ... und rien ne ...*

Traduis.

1. Nichts ist sicher.

___

2. Niemand ist gekommen.

___

3. Nichts gefällt ihr.

___

4. Niemand weiß, wo er wohnt.

___

* Diese Übung ist nur für bayrische Schüler/innen obligatorisch.

SÉQUENCE 2

4 Der „subjonctif"

a ○ *Qu'est-ce que les parents de Paul veulent? Transforme les phrases. Utilise* il doit + *infinitif.*

1. Nous voulons que tu sois prudent en moto.
2. Il faut que tu reviennes de la fête avant minuit.
3. Nous voulons que tu sortes moins souvent.

b ● *Écris les phrases. Utilise le subjonctif.*

écrire à mémé
aller chez Jean
passer au CDI
faire mes devoirs
finir le dessin pour Léa
prendre le pain à la boulangerie

Il faut qu'il

SÉQUENCE 3

5 Vocabulaire et expression

Traduis.

1. Ich freue mich dich zu sehen.
2. Hört auf euch zu streiten!
3. Er hat keine Zeit ihr zu schreiben.

6 Die Infinitivergänzungen der Verben

À, de *ou rien? Complète les phrases.*

1. Aide-moi _____ préparer le repas, s'il te plaît.
2. C'est très bien Paul, continue _____ faire cet exercice tout seul.
3. Je déteste _____ faire la vaisselle.
4. On peut demander au prof _____ nous aider.
5. Ma petite sœur m'empêche _____ travailler tranquillement.

Die Lösungen findest du auf S. 76.

Entraînement à l'examen facultatif

Compréhension écrite et grammaire

1 **a** *Vrai ou faux?* (→ Texte, p. 22)

	vrai	faux
1. Peurbleue voudrait rester dans son vieux collège.	☐	☐
2. Peurbleue était toujours déprimée dans son vieux collège.	☐	☐
3. Peurbleue n'a pas d'amis et s'ennuie.	☐	☐
4. Peurbleue a eu de gros problèmes avec les gens de son vieux collège.	☐	☐
5. Peurbleue est très stressée à l'idée de changer de collège.	☐	☐
6. Coolman trouve que c'est bien de voir des nouvelles têtes parce que ça change.	☐	☐
7. Coolman pense que c'est très bien de ne pas avoir d'amis au collège.	☐	☐
8. Tonpsy pense que ce n'est pas bien de stresser quand on change de collège.	☐	☐
9. Tonpsy croit que Peurbleue va retrouver les mêmes problèmes.	☐	☐

b *Corrige les phrases fausses dans ton cahier.*

2 *Imagine ce que* ces deux filles ont fait dans la journée et ce qu'*elles vont faire ce soir. Écris quatre phrases au passé composé et quatre phrases au futur proche.*

* **ce que / ce qu'** was

Production écrite

3 *À ton avis, quelle réponse peut (le mieux) aider Peurbleue? Justifie ta réponse.*
(→ Méthodes et stratégies, p. 108, Corriger ses fautes)

Production orale

4

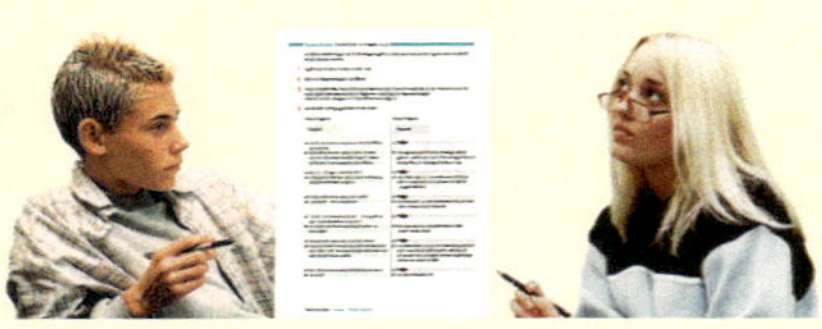

Fais le tandem, p. 72, avec ton voisin / ta voisine.

Dossier 2 Demain, le monde et moi

SÉQUENCE 1

DELF **1** *Quelle phrase correspond au texte? Coche* la bonne réponse.* (→ Texte, p. 26)

1. ☐ Claire veut être routier pour faire comme son père.
   ☐ Elle veut être routier pour voyager et découvrir des pays.
   ☐ Elle veut être routier pour avoir un métier d'homme.

2. ☐ Du temps des grands-parents de Justine, les hommes ne pouvaient pas être pilotes d'avion.
   ☐ De leur temps, les hommes ne pouvaient pas être hommes au foyer.
   ☐ De leur temps, les femmes ne pouvaient pas être nourrices.

3. ☐ Justine se voit sage-femme.
   ☐ Elle aimerait devenir mannequin.
   ☐ Elle voudrait travailler dans un métier traditionnel comme la mode.

4. ☐ Baptiste veut travailler dans le commerce pour bien gagner sa vie.
   ☐ Il veut ouvrir un magasin de sport parce qu'il est très sportif.
   ☐ Il veut avoir un magasin de sport et se spécialiser dans les baskets.

5. ☐ Ludovic ne veut pas travailler.
   ☐ Ludovic veut gagner beaucoup d'argent.
   ☐ Ludovic veut avoir beaucoup de temps libre.

* **cocher qc** etw. ankreuzen

2 **a** *Trouve l'intrus.*

1. le commerce – le boulot – le marketing – la couture
2. la voiture – le bus – les rollers – le camion
3. le routier – la sage-femme – le mécanicien – l'élève
4. le fric – l'argent – l'euro – le porte-monnaie

b ○ *Forme une phrase avec chaque intrus.*

c ● *Écris une petite histoire de 50 mots environ* avec les intrus.*

____

* **environ** circa

3 ○ **a** *Ces jeunes ont pris des bonnes résolutions* pour la nouvelle année. Complète les phrases au futur simple.* (→ Repères, p. 29/2)

* **prendre des bonnes résolutions** gute Vorsätze fassen

b *Et toi, quelles sont tes bonnes résolutions (pour cette année / pour l'an prochain)? Écris encore trois phrases au futur simple.* (→ Repères, p. 29/2)

____

____

____

4 ● **a** *Comment sera la vie dans cent ans? Un futurologue[1] a répondu à cette question. Mets les verbes entre parenthèses au futur simple.* (→ Repères, p. 29/2)

Dans cent ans, il y ________________ (avoir) beaucoup de problèmes. Le chômage ________________ (être) le problème numéro un. Beaucoup de gens ________________________ (ne plus avoir) de travail, mais les gens qui ____________________ (travailler) ________________ (devoir) travailler de plus en plus et ils _____________________ (ne plus avoir) de vacances. Nous _______________________ (manger) différemment à cause de la pollution. Par exemple, on _________________________ (ne plus voir) de fruits et légumes sur le marché. Alors, nous _____________________ (acheter) des pilules.[2] Et l'eau ________________ (être) rare et très chère ...

Les gens ____________________________________ (ne plus prendre) la voiture. Ils _________________ (faire) leurs courses à vélo ...

On ________________ (trouver) des nouveaux médicaments[3] et les médecins __________________ (pouvoir) encore mieux soigner les gens.

Les enfants ___________________ (ne plus aller) à l'école. Ils ___________________ (apprendre) et ils ______________________________ (communiquer) avec leurs professeurs de chez eux ...

1 **le futurologue** der Zukunftsforscher 2 **la pilule** die Pille
3 **le médicament** das Medikament

DELF **b** *À toi. Écris un petit texte pour répondre à la question de* **a**. (→ Repères, p. 29/2)

____

____

____

____

____

____

5 ○ *Relie et écris les phrases dans ton cahier.* (→ Repères, p. 29/4)

Si elle ne redouble pas,	1	a	on aura le temps de boire un pot.
Si on finit à l'heure,	2	b	je t'apporterai les photos de mes vacances.
S'il ne pleut pas dimanche,	3	c	on devra rentrer à pied.
Si on rate le bus,	4	d	ses parents lui offriront un vélo.
Si j'y pense,	5	e	on invitera Paul et Sandra.
Si tu es d'accord,	6	f	on fera une belle balade en montagne.

6 ● *Qu'est-ce qu'ils disent? Regarde les dessins et complète les phrases.* (→ Repères, p. 29/4)

1. venir/commencer

2. être/acheter

3. attendre/faire

4. aller/être

5. préférer/visiter

6. gagner/faire

Lecture: Un beau métier

DELF **7** *Lis ce texte. Tu ne comprends pas tous les mots mais tu peux comprendre le texte. Réponds aux questions. Écris dans ton cahier.*

«Être et avoir» est un film documentaire sur la vie dans une petite école de campagne, en Auvergne. Georges Lopez, instituteur, a une classe unique: il s'occupe de 13 enfants de 4 à 11 ans. Il montre beaucoup d'amour, de compréhension et de patience. Il sait écouter ses élèves, les aider quand ils en ont besoin. Parmi ses élèves, il y a le petit Jojo qui veut devenir instituteur quand il sera grand, il y a Julien et Olivier qui se disputent pour un rien, mais qui s'aiment bien, il y a Nathalie qui ira au collège à la prochaine rentrée, mais qui a peur de quitter son école et son instituteur ...
Georges Lopez aime passionnément son travail, même après 35 ans de métier. Déjà quand il était jeune, il aimait donner des cours à ses camarades de classe. Instituteur est le seul métier qu'il voulait faire. Ses parents, qui n'étaient pas riches, l'ont aidé à réaliser son rêve. «Je voudrais avoir eu un instituteur comme Georges Lopez», a dit une jeune fille après le film. Ce film est une leçon d'amour, de tolérance et de respect.

1. De quoi parle le film «Être et avoir»?
2. Qu'est-ce qu'un/e instituteur/-trice? Explique.
3. Qu'est-ce qu'une classe unique? Explique.
4. Pourquoi est-ce que M. Lopez a choisi ce métier?

DELF **1** *Quelles phrases sont vraies? Quelles phrases sont fausses? Note leur numéro et corrige les phrases fausses dans ton cahier.* (→ Texte, p. 30)

1. Les Schneider passaient leurs vacances près de Sisteron où ils avaient une petite maison.
2. Barbara apprenait le français à l'école mais avait besoin d'un interprète quand elle était en France.
3. À 16 ans, elle a commencé un apprentissage de menuisière à Hambourg.
4. Après son apprentissage, Barbara a travaillé en France.
5. En France, on trouve très souvent des femmes dans des professions artisanales.
6. Au bout d'un an passé en France, Barbara parlait couramment le français.
7. Au début, elle a eu quelques problèmes à l'école.
8. Elle n'a pas du tout regretté Hambourg.

2 O *Compare et écris les phrases. Utilise* plus, moins, aussi + *adjectif* + que/qu' *et fais attention à l'accord de l'adjectif.* (→ Repères, p. 32/2)

1. M. Bastide – Mme Castel – sérieux –

2. La voiture de Dédé – la moto de Jojo – rapide +

3. Mme Georges, 98 ans – M. Georges, 94 ans – vieux +

4. Charlotte – Magali – fort =

5. Le cartable de Léo – le sac de Nathan – pratique –

6. Sarah – Alexandre – gentil =

1. ______________________________

2. ______________________________

3. ______________________________

4. ______________________________

5. ______________________________

6. ______________________________

3 ● *Pèse le pour et le contre. Forme quatre phrases comme dans l'exemple.*

rapide bon cher confortable banal pratique
long chaud intéressant passionnant
raisonnable grand gentil facile sympa bruyant
traditionnel bizarre dangereux ___

le train – l'avion
les légumes – les frites
la jupe bleue – la (jupe) noire
cet imper – cette veste
Jérôme – Sébastien
cette B.D. – ce roman

Le train, c'est moins rapide que l'avion, mais c'est plus confortable.

____

____

____

____

____

____

____

4 ○ *Souligne les formes du comparatif de l'adjectif en bleu, les formes du comparatif de l'adverbe en jaune.* Unterstreiche die Vergleichsformen des Adjektivs blau, die Vergleichsformen des Adverbs gelb. (→ Repères, p. 32/2/3)

* **arriver au but** ans Ziel kommen

Vous rêviez d'une voiture
plus belle,
plus rapide,
plus grande,
plus confortable,
moins bruyante
et surtout moins chère?

VOICI ENFIN LA ZOU!

Il n'y a pas d'autres voitures aussi pratiques que la ZOU.

Avec la ZOU, vous serez plus libres et vous irez aussi loin que vous voulez.
Vous ferez plus souvent de longs voyages et vous arriverez plus vite au but.*
Alors, n'attendez pas plus longtemps, la ZOU est déjà à vous!

5 ● *Compare Marc et Luc. Forme les phrases. Utilise* plus, moins *ou* aussi + *adverbe* + que. (→ Repères, p. 32/3)

Marc	Luc
va à la piscine deux fois par semaine	va à la piscine une fois par semaine
joue au foot une fois par mois	joue au foot une fois par semaine
est resté deux heures chez Sylvain	est resté deux heures chez Sylvain
parle bien l'anglais	parle très bien l'anglais
se débrouille mal en espagnol	se débrouille très mal en espagnol
nage vite (100 m en deux minutes)	nage vite (100 m en deux minutes)

Marc va

DELF **6** *Imagine la vie de cette personne et présente-la. Dis d'où elle vient, explique ce qu'*elle fait ou a fait comme formation, quel métier elle a choisi et ce qu'*elle fait maintenant. Écris dans ton cahier.*

* **ce que / ce qu'** was

Lecture: Margot Mégalo

DELF **7** **a** *Lis ce texte et prépare quatre questions (sur une feuille[1]) pour ton voisin / ta voisine. Il/Elle répond.*

Margot déteste l'école. Un jour, elle décide de ne plus aller au lycée et cherche du travail.
Elle est entrée timidement[2] dans chaque magasin et a demandé: «Vous avez besoin d'une vendeuse?»
Des patrons lui ont dit agressivement non, d'autres lui ont dit: «Va jouer à la poupée, petite fille!»
D'autres encore lui ont répondu un non plein de sympathie. (...)
Margot, déprimée, a traversé le marché. Elle s'est arrêtée devant les stands de fruits et de légumes. Tout à coup, elle s'est dit: «Peser des pommes, des poires, des raisins, pourquoi pas? C'est bien, comme travail.»
Quand elle était petite elle jouait souvent à la marchande. Mettre des fruits sur la balance[3], rendre la monnaie[4], parler aux gens, sourire et passer sa vie au grand air[5], quel bonheur! Elle s'est approchée d'un vendeur pour lui demander s'il avait besoin d'une commise[6].
«Ah, mademoiselle, j'aimerais pouvoir vous employer[7], mais vous voyez, je suis là avec ma femme, les affaires ne marchent pas si bien cette année et je ne peux pas faire de frais supplémentaires[8]. Demandez un peu plus loin chez Louis. Sa femme est malade et il a peut-être besoin de quelqu'un.»
Louis a inspecté Margot de haut en bas comme si elle aussi était à vendre. Il lui a même palpé[9] les épaules et les bras.
«Tu as déjà travaillé au marché?»
Quelqu'un lui avait dit qu'il faut toujours dire qu'on peut tout faire et qu'on a beaucoup d'expérience.
Mais Margot n'arrivait pas à mentir. «Non, je n'ai jamais travaillé, mais j'apprends vite.» («Quand ce n'est pas des maths», a-t-elle pensé.)
«Bon, ben, ça tombe bien, tu peux venir demain matin à 5 h 30. Je te prends à l'essai.»

D'après: Susie et Mayah Morgenstern, Margot Mégalo

1 **une feuille** ein Blatt Papier 2 **timidement** schüchtern 3 **la balance** die Waage 4 **rendre la monnaie** Wechselgeld herausgeben 5 **au grand air** *m.* im Freien, an der frischen Luft 6 **le/la commis/e** die Aushilfe 7 **employer qn** jdn beschäftigen 8 **les frais** *m.* **supplémentaires** die zusätzlichen Kosten 9 **palper qc** etw. abtasten

b *Imagine la suite de l'histoire. Écris dans ton cahier.*

DELF **1** *Juliette a parlé à une copine et lui a parlé de ses problèmes. Sa copine a tout raconté aux autres copains. Mais elle s'est trompée. Coche si c'est vrai ou faux et corrige les phrases fausses.* (→ Texte, p. 33)

	vrai	faux
1. Dimanche, Juliette a discuté avec son père.	☐	☐
2. Ils ont parlé de son avenir.	☐	☐
3. Il est très content de ses résultats scolaires.	☐	☐
4. Il a très bien réagi et a su lui parler.	☐	☐
5. Son père trouve toujours les mots justes pour lui parler.	☐	☐
6. Il pense que nous sommes des bons copains pour elle.	☐	☐
7. Le week-end s'est bien passé et son père lui a proposé de rester jusqu'à lundi.	☐	☐
8. Il lui a écrit une lettre parce qu'il adore écrire.	☐	☐
9. Il regrette sa réaction et espère qu'ils trouveront ensemble une bonne solution.	☐	☐

____

____

____

____

____

____

____

____

____

____

2 **a** *Trouve les sept paires de contraires et écris-les.* (→ Liste alphabétique des mots, p. 151)

faux facile
contre imbécile
la prochaine fois
défaut rater
qualité réussir
la dernière fois
difficile pour
intelligent juste

______________ ≠ ______________

______________ ≠ ______________

______________ ≠ ______________

______________ ≠ ______________

______________ ≠ ______________

______________ ≠ ______________

______________ ≠ ______________

b *Forme cinq phrases avec des mots de* **a** *. Écris-les dans ton cahier.*

3 *Écris les phrases. Utilise le superlatif de l'adjectif.* (→ Repères, p. 36/2)

1. M. Lambert / être / prof / gentil / + / école

Oui, c'est aussi / prof / ennuyeux / –

2. Malika / avoir / bonnes / notes dans toutes les matières / +

Malika / être / élève / sérieuse / classe / +

3. Mme Nicou / donner toujours / devoirs / durs / +

Oui, c'est aussi / prof / cool / – / collège

4 O *Complète le texte de cette publicité. Utilise le superlatif de l'adverbe.* (→ Repères p. 36/3)

(bien, peu) Comment travailler ______________________ et ______________________

possible? *C'est très simple:* Le nouvel ordinateur Ordinasympa fait tout le travail presque tout seul

(rapidement) et ______________________ possible. Essayez-le et vous ne voudrez plus travailler

(souvent) sans lui. Vous l'utiliserez ______________________ possible et il sera l'instrument de

(beaucoup) travail que vous aimerez ______________________ .

5 *Souligne en bleu le superlatif de l'adjectif et en jaune le superlatif de l'adverbe dans les phrases et traduis-les.* (→ Repères, S. 36/2/3)

1. Daniel geht so oft wie möglich ins Schwimmbad. Er schwimmt am schnellsten von uns allen.

____

____

2. Romane ist die beste Schülerin der Klasse. Sie beteiligt sich am meisten am Unterricht.

____

3. Gestern haben wir den lustigsten Film des Jahres gesehen.

____

4. Dieses Spiel interessiert mich am wenigsten. Es ist das langweiligste Spiel der Welt.

____

6 *Quel dessin correspond à quelle phrase? Note le bon numéro et dis de quoi ils parlent.* (→ Repères p. 36/5)

☐ Tu les as déjà mangés?! ______________________

☐ Tu l'as aimé? ______________________

☐ Pourquoi est ce que tu ne l'as pas faite? ______________________

☐ Tu les as déjà mangées?! ______________________

☐ Tu l'as aimée? ______________________

☐ Pourquoi est-ce que tu ne les as pas faits? ______________________

DELF **7** *Juliette a lu la lettre de son père et elle lui répond. Imagine sa lettre et écris-la dans ton cahier.*

DELF **1** *Trouve qui dit quoi. Note le numéro des phrases.* (→ Texte, p. 37)

1. Les gens ne prendront plus la voiture pour aller au travail.
2. Beaucoup de gens n'auront rien à manger.
3. Les gens vivront beaucoup plus longtemps.
4. Il n'y aura plus de fermes à la campagne.
5. Est-ce que les gens seront enfin plus raisonnables?
6. Il y aura plus de pauvres.
7. À 70 ans, les gens devront encore travailler.
8. Les fruits et légumes viendront de la ville.
9. On pourra mieux soigner les gens.
10. On verra beaucoup moins de camions sur les routes.
11. Est-ce qu'il y aura des clones humains?
12. Il y aura encore Internet.

Nasser: ______________________

Sophie: ______________________

Laure: ______________________

2 **a** *Trouve dans le texte, p. 37, les mots qui vont avec le mot «transports» et écris-les dans un associogramme.*

b *Complète ta liste par d'autres mots que tu connais déjà.* (→ Liste alphabétique des mots, p. 151)

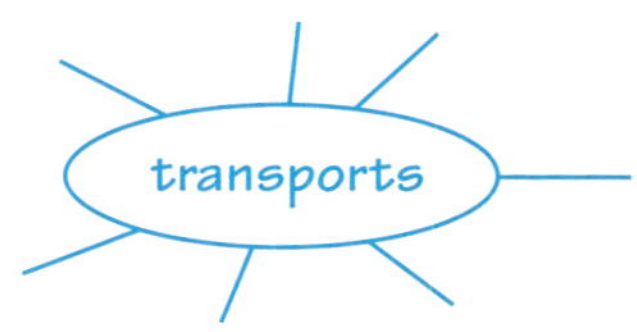

Réviser: Les magasins

3 **a** *Où sont les clients? Retrouve le nom des magasins. Note-les dans ton cahier.* (→ Liste alphabétique des mots, p. 151)

1. Donnez-moi une baguette et un pain au chocolat.
2. Bonjour, Madame, vous avez des timbres à 41 centimes?
3. Vous avez du jambon de Bayonne?
4. Je cherche un roman qui intéresse un jeune de 15 ans.
5. Il me faut un kilo de pommes et deux belles tomates.
6. Un café au lait, s'il vous plaît.
7. Je voudrais deux steaks, s'il vous plaît.
8. Je voudrais de l'aspirine, s'il vous plaît.

b *Choisis une des phrases de* **a** *et imagine un dialogue. Écris-le dans ton cahier.*

Réviser: Le discours indirect

4 *Comment vois-tu l'avenir du monde? Louise, 17 ans, a répondu à la question. Mets les phrases au discours indirect. Utilise* Elle dit/croit/pense que ___ . Elle se demande / ne sait pas si/comment ___ .

Comment sera notre avenir? On ne peut pas vraiment savoir ... Il y aura beaucoup plus d'habitants que maintenant et il y aura beaucoup de gens pauvres et malheureux. Le problème de la faim sera terrible. Mais le problème de l'eau potable* sera encore plus terrible, surtout dans les pays pauvres. Est-ce qu'il y aura encore des guerres? Est-ce qu'on pourra guérir les maladies graves?

___

___

___

___

___

___

___

___

* **l'eau** *f.* **potable** das Trinkwasser

La France en direct: La place de la voiture dans la société

DELF **5** **a** *Lis le texte suivant. Il y a des mots que tu ne connais pas mais que tu peux comprendre parce que tu sais l'anglais ou l'allemand. Tu peux aussi chercher les mots inconnus dans un dictionnaire.*

Voici les résultats d'un sondage sur la place de la voiture dans la société française et les problèmes qu'elle cause: pollution et accidents.
Les Français aiment avoir une voiture parce que c'est plus confortable et plus pratique pour faire ses courses et qu'ils ne perdent pas de temps. 89 % des Français interrogés disent qu'ils sont bien contents d'avoir une voiture et 81 % affirment qu'ils en ont absolument besoin. 80 % des Français disent: «Si un jour, je n'ai plus de voiture, je sortirai moins souvent ou je partirai moins facilement en vacances ou en week-end.»
Même si 81 % des Français pensent que les voitures qu'on construit aujourd'hui sont plus respectueuses de l'environnement et que la production industrielle reste le premier responsable de la pollution, 87 % des personnes interrogées associent la voiture à l'idée de pollution (bruit et pollution de l'air) ...

D'après la Sofres, 2002

b *Fais des graphiques dans ton cahier pour illustrer le texte du sondage.*

facultatif

SÉQUENCE 1

1 Vocabulaire et expression

Traduis le dialogue.

– Was wirst du später machen?
+ Ich möchte einen Beruf, in dem man keinen Stress hat und in dem man ganz gut verdient.
– Wenn ich richtig verstehe, suchst du einen Traumberuf. Gibt es einen Traumberuf?

2 Das futur simple

Écris la 1re personne du singulier de ces verbes au futur simple.

jouer finir prendre
aller avoir être
faire pouvoir savoir
venir voir vouloir

3 Der reale Bedingungssatz

Forme les phrases.

1. il / faire / beau – on / dormir / sous la tente
2. je / avoir / assez d'argent – je / acheter / des rollers
3. on / avoir / le temps – on / aller / au musée
4. ils / faire / une fête – ils / nous / inviter

4 Die Vergleichsformen des Adjektivs

Corrige les phrases.

1. Simon est plus jeune que Cyril.

Non, il est moins ______________________

____

____

Simon, 16 ans   Cyril, 14 ans

2. Simon a les cheveux plus courts que Cyril.

____

3. Simon est plus grand que Cyril.

____

4. Simon est moins gros que Cyril.

____

5. Simon est aussi joyeux que Cyril.

____

5 Die Vergleichsformen des Adverbs

Traduis les phrases.

1. Lilli fährt langsamer (weniger schnell) als ihre Freundin.

____

2. Er arbeitet genauso gut wie seine Schwester.

____

3. Hier kann man besser essen als in der Kantine.

____

4. Anne versteht alles schneller als die anderen.

____

SÉQUENCE 3

6 Der Superlativ des Adjektivs

Complète les phrases.

jour / beau / +

fille / drôle / +

matière / intéressant / –

fruits / bon / +

chemin / long / –

7 Der Superlativ des Adverbs

Complète les phrases.

1. Je déteste aller au stade. J'y vais ______________________ possible. (souvent)
2. David est très sportif: il court ______________________ de la classe. (vite)
3. Sonia est intelligente et répond toujours ______________________ aux questions. (bien)
4. Je n'aime pas l'anglais, mais la géo est la matière que j'aime ______________________ . (peu)
5. Il adore ce pays et veut rester là-bas ______________________ possible. (longtemps)

Die Lösungen findest du auf S. 77.

Entraînement à l'examen facultatif

Compréhension écrite et grammaire

1 *Lis le texte, p. 40, puis ferme ton livre. Écris maintenant dans ton cahier un maximum de choses que Georges Perec voulait faire. (Note au moins six choses ou activités.)*

2 *Complète par la préposition* à/au, de/du *ou* en.

– Nous avons passé nos vacances _____ Maroc, _____ Fès, et vous?

\+ Nous sommes allés _____ Espagne. Nous avons passé une semaine _____ ville et deux semaines _____ la campagne. Quand est-ce que vous êtes revenus _____ Maroc?

– La semaine dernière. Et vous? Quand est-ce que vous êtes rentrés _____ votre voyage?

\+ Hier soir ...

3 **a** *Écris l'adverbe de ces adjectifs.*

différent – difficile – gentil – méchant – sûr

_____

_____

_____

_____

_____

b *Complète les phrases avec ces adverbes.*

1. Comment sera l'avenir? Je peux _____ répondre à cette question.
2. Demande-lui de t'aider, il va _____ le faire.
3. Il dit toujours _____ bonjour.
4. J'aimerais vivre _____ .
5. Il ne me plaît pas, son copain, il regarde _____ les gens.

Production écrite

4 *Voici le début d'un poème. Lis le texte et écris une autre strophe dans ton cahier. Commence par* Quand je _____ .

Quand je serai grand, je serai corsaire[1]
Et toi, Lulu, qu'est-ce que tu feras?
Moi, j'irai pêcher sur une baleinière[2]
Peut-être qu'un jour, on se rencontrera.
Moi, disait Jojo, je serai au Texas.
J'aurai un cheval et je n'aurai peur de rien.
Pol Serge

1 **le corsaire** der Korsar, der Seeräuber
2 **la baleinière** das Walfangboot

Production orale

5 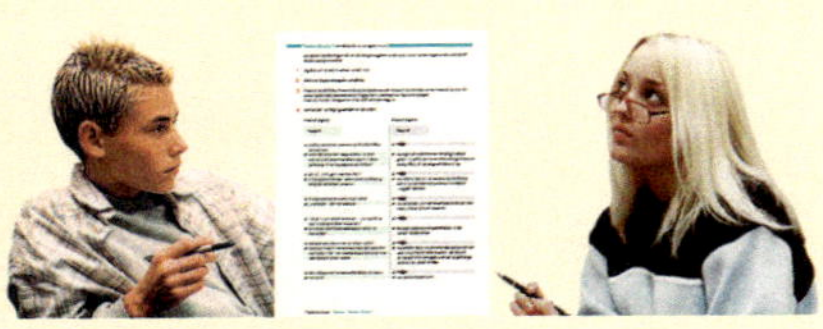

Fais le tandem, p. 73.

Dossier 3 Vivre en société

SÉQUENCE 1

DELF **1** *Réponds aux questions.* (→ Texte, p. 44)

1. De quoi est-ce que la F.R.A.P.N.A. s'occupe?

____

2. Qu'est-ce que le transport ferroviaire des gros camions changerait?

____

3. Que font les jeunes de la F.R.A.P.N.A. pour sensibiliser les gens au respect de la nature?

____

2 **a** *Retrouve les 12 mots et écris-les. N'oublie pas l'article pour les noms.* (→ Liste alphabétique, p. 151)

C	F	R	A	R	O	U	L	E	R	D	A	N	I	R
I	P	O	L	L	U	T	I	O	N	T	R	A	I	N
R	N	O	U	C	A	M	I	O	N	M	O	T	O	N
C	T	U	N	N	E	L	A	V	O	I	T	U	R	E
U	R	E	M	B	O	U	T	E	I	L	L	A	G	E
L	T	R	A	N	S	P	O	R	T	M	A	R	I	T
E	V	L	E	U	S	A	A	C	C	I	D	E	N	T
R	V	U	L	O	U	R	O	U	T	E	J	A	D	E

____________________ ____________________

____________________ ____________________

____________________ ____________________

____________________ ____________________

____________________ ____________________

____________________ ____________________

b *Fais au moins trois phrases avec des mots de* **a** *. Écris-les dans ton cahier.*

3 *Qu'est-ce que tu leur conseilles? Utilise* Il/Elle pourrait/devrait + *inf.*

1. Il a des mauvaises notes. ____________________
2. Elle adore la montagne. ____________________
3. Il est crevé aujourd'hui. ____________________
4. Elle a un grand jardin. ____________________
5. Elle adore la mode. ____________________
6. Il est déprimé. ____________________
7. Elle sait très bien jouer de la guitare. ____________________

4 *Alexandre a demandé conseil à ses copains. Complète les phrases. Utilise le conditionnel.* (→ Repères, p. 47/2)

Qu'est-ce que vous feriez à ma place?

Réviser: les nombres et les expressions de temps

5 *À ton avis, combien de temps vivent ces déchets? Coche la bonne réponse. Tu trouveras la solution p. 78.*

TEST: Es-tu bien informé(e)? La longue vie des déchets dans la nature

Le savais-tu?

Les déchets ont une longue vie!

À ton avis, combien de temps vivent ces déchets?

1 un mouchoir en papier:
- ☐ trois semaines
- ☐ trois mois
- ☐ un an

2 une peau* de banane:
- ☐ quarante jours
- ☐ de trois à six mois
- ☐ de six à neuf mois

3 une allumette:
- ☐ huit semaines
- ☐ six mois
- ☐ un an

4 un filtre de cigarette:
- ☐ neuf à douze semaines
- ☐ de six à huit mois
- ☐ de un à deux ans

5 un chewing-gum:
- ☐ de dix à quinze semaines
- ☐ de six à sept mois
- ☐ cinq ans

6 une boîte en aluminium:
- ☐ de trois à cinq ans
- ☐ de cinq à dix ans
- ☐ de dix à cent ans

7 un sac en plastique:
- ☐ de trente à quarante ans
- ☐ de cinquante à cent ans
- ☐ de cent à mille ans

8 le verre:
- ☐ cent ans
- ☐ quatre mille ans
- ☐ dix mille ans

RÉSULTATS

Tu as huit réponses justes: Bravo, tu connais bien la nature. Mais, jettes-tu bien les déchets où il faut?

Tu as de quatre à sept réponses exactes: Tu t'intéresses à la protection de la nature. Fais aussi attention à ne pas faire trop de déchets inutiles.

Tu as trois réponses justes ou moins: Tu devrais t'informer. La F.R.A.P.N.A. peut t'aider. Contacte-nous!

* **la peau** *hier:* die Schale

La France en direct: Le T.G.V.-Méditerranée

DELF **6** **a** *Lis le texte. Il y a des mots que tu ne connais pas, mais que tu peux comprendre. Cherche les noms géographiques sur une carte de France.*

Depuis la mise en service de la ligne T.G.V.-Méditerranée en 2001, Marseille se trouve à trois heures de Paris et Montpellier à trois heures quinze. Trois gares T.G.V., Valence, Avignon et Aix-en-Provence sont à moins de dix minutes en voiture des centres-villes. La SNCF attend cinq à six millions de voyageurs de plus par an. Le T.G.V. peut aller jusqu'à 300 km/heure. Entre Valence et Marseille, la ligne a dû contourner des obstacles comme la centrale nucléaire de Pierrelatte pour des questions de sécurité, mais aussi le vignoble des côtes du Rhône et la montagne Sainte-Victoire. Les ponts et viaducs sont nombreux. Le tunnel d'arrivée à Marseille, 7834 m, est le plus long de France. Grâce à des murs anti-bruits, le niveau de bruit est à 62 décibels. Dans le train, les voyageurs n'entendent presque pas de bruit, même à 300 km/heure.

b *À ton avis, quels sont les avantages et les inconvénients du T.G.V.-Méditerranée? Note-les dans ton cahier.*

c *Complète le dialogue.*
(→ Méthodes et stratégies, p. 96)

Employé: Bonjour!

Du begrüßt den Angestellten und verlangst eine Fahrkarte Paris–Avignon mit dem T.G.V.-Méditerranée.

____

____

____

Employé: Quand voulez-vous partir?

Du möchtest am nächsten Morgen fahren.

____

Employé: Vous avez le T.G.V. de 9 heures 34 ...

Du fragst, wann der Zug in Avignon ankommen wird.

____

____

Employé: À 12 h 15, en gare T.G.V. Vous désirez un aller-retour?

Du verneinst und verlangst eine einfache Fahrt in der zweiten Klasse.

____

____

____

Employé: Fumeur ou non fumeur?

Nichtraucher.

____

Employé: Voilà, ça vous fait 79,20 €.

Du bedankst dich und verabschiedest dich.

____

____

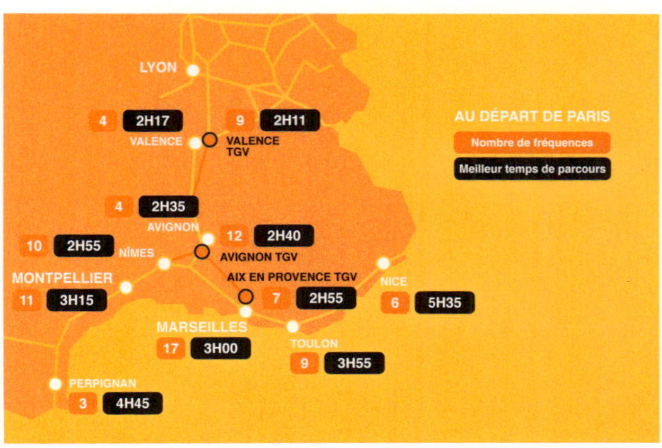

Lecture – Un test: Es-tu sportif/-ive?

1 **a** *Fais le test. Coche la case correspondante*, puis lis les résultats.*

1 Si tu étais un animal, tu serais
a un cheval.
b un âne.
c un éléphant.

2 Si tu étais une chose, tu serais
a un ballon.
b un CD.
c un caillou.

3 Si tu étais une fleur, tu serais
a une marguerite.
b de la lavande.
c une rose.

4 Si tu étais un vêtement, tu serais
a un sweat-shirt.
b un pantalon.
c une robe.

5 Si tu étais un fruit, tu serais
a une banane.
b un abricot.
c du raisin.

6 Si tu étais une musique, tu serais
a du hip-hop.
b du rock.
c du raï.

Les résultats:
Tu as quatre a et plus: Tu es très sportif/-ive. La gym est ta matière préférée et pour toi, passer un bon week-end veut dire: randonnée à pied ou à vélo.
Tu as quatre b et plus: Tu aimes le sport, mais tu aimes aussi passer des heures à lire et à discuter avec tes copains ou tout simplement ne rien faire.
Tu as quatre c et plus: Toi, tu n'aimes pas trop bouger. Quand tu fais une balade, tu préfères admirer le paysage.

* **correspondant/e** *adj.* entsprechend

b *À toi. Réponds aux questions: Qu'est-ce que tu serais si tu étais:*

une ville? – un monument? – une boisson? – un sport?

____

____

____

____

c *Décris un copain / une copine. Forme des phrases comme en* **a** *et en* **b**. *Écris dans ton cahier.*

2 O *Complète. Utilise l'imparfait et le conditionnel.* (→ Repères, p. 50/1)

1. Si elle *était* plus jeune, ma grand-mère *voyagerait* plus souvent. (être / voyager)
2. Si tu ________ au loto, qu'est-ce que tu ________? (gagner / faire)
3. S'ils ________ le temps, ils ________ mieux des pauvres. (avoir / s'occuper)
4. Si vous ________ un grand voyage, où est-ce que vous ________? (faire / aller)
5. S'il ________ le faire, il ________ un voyage à sa copine. (pouvoir / offrir)
6. Si nous ________ assez d'argent, nous en ________ à une association humanitaire. (avoir / envoyer)

3 ● *Regarde les dessins et imagine ce que pensent les personnages. Fais des phrases avec* si. (→ Repères, p. 50/I)

1. ______________________________

2. ______________________________

3. ______________________________

4. ______________________________

5. ______________________________

6. ______________________________

4 *Trouve trois devinettes pour tes camarades. Forme des phrases avec* si. *Écris-les dans ton cahier.* (→ Repères, p. 50/I)

Exemple: S'il n'y en avait pas, on s'écrirait plus souvent. → le téléphone

5 *Qu'est-ce qui va ensemble? Relie.* (→ Repères, p. 50/I)

Si j'avais un portable, [1]	[a] je téléphonerai pour réserver des places.
Si je n'oublie pas, [2]	[b] je téléphonerais à ma copine.
Si j'avais le temps, [3]	[c] j'enverrais un message à mon correspondant.
Si j'ai le temps ce soir, [4]	[d] j'écrirai à mes grands-parents.
S'il pouvait, [5]	[e] il ferait un long voyage en bateau.
Si mon père vend sa voiture, [6]	[f] il fera un voyage en avion.
Si les gens ne jettent pas trop de déchets, [7]	[g] on pourra changer les choses.
Si les gens ne jetaient pas n'importe quoi, [8]	[h] la pollution serait moins importante.

DELF **1** *Corrige les phrases.* (→ Texte, p. 51)

1. Azouz Begag est né en France dans une riche famille algérienne.

___

2. Il a vécu dans le centre de Lyon.

___

3. Après le bac, Azouz Begag est devenu journaliste.

___

2 **a** *Retrouve les mots de la même famille dans le texte et écris-les.* (→ Texte, p. 51)

écrire | grand/e | confortable | un enfant | participer | voler qc

___

___

b *Fais une phrase avec chaque mot que tu as trouvé. Écris dans ton cahier.*

c *Choisis six mots: Tes camarades devront retrouver un mot de la même famille. N'oublie pas la réponse pour pouvoir corriger tes camarades. Écris dans ton cahier.* (→ Liste alphabétique, p. 151)

Réviser: Les verbes en *-ir*

3 *Retrouve l'infinitif de ces six verbes, puis conjugue-les à la troisième personne du pluriel* (ils/elles)*, au présent, au passé composé, à l'imparfait et au futur simple.*
(→ Les verbes, p. 113)

D	R	A	C	H	O	I	S	I	R
R	É	A	G	I	R	F	O	I	R
É	D	G	R	A	N	G	U	P	O
U	T	I	A	N	L	O	U	R	E
S	A	R	N	A	R	B	L	E	S
S	E	R	D	I	P	O	F	I	L
I	L	F	I	N	I	R	J	U	N
R	A	U	R	M	O	N	O	U	R

___ ___ ___ ___

___ ___ ___ ___

___ ___ ___ ___

___ ___ ___ ___

___ ___ ___ ___

___ ___ ___ ___

4 *Complète par une forme de* celui. (→ Repères, p. 54/2)

5 *Complète par une forme de* lequel. (→ Repères, p. 54/3)

Lecture: Le classement

Azouz Begag raconte une histoire de son enfance. Après chaque devoir sur table, il y avait un classement: les professeurs donnaient le nom de chaque élève, du meilleur au plus mauvais de la classe.

Je pense au moment où M. Grand va dire: «Untel[1], premier; Untel, deuxième.» Peut-être donnera-t-il d'abord le numéro de classement, puis le nom de l'élu[2]?
Premier: Azouz Begag? Non. Ce n'était qu'un exemple. Chacun sait que c'est Laville qui va gagner. Bon, alors, il va dire: «Premier: Laville.» Et après? Deuxième: ? Comme tous ceux qui espèrent, j'observerai les lèvres[3] du professeur pour voir mon nom sortir de sa bouche avant qu'il arrive à mes oreilles. Si ce n'est pas moi, le deuxième, il faudra attendre la suite. Je préfère ne pas penser à cela.
Quelques élèves montrent des signes d'impatience[4]. Le maître se lève [...], nos devoirs à la main, et donne le verdict[5]:
– Premier ...
La classe ne bouge plus.
– Premier: Ahmed Moussaoui.
Stupéfaction[6]. Horreur. Injustice. C'est impossible. Lui, Moussaoui, premier de la classe! Personne ne regarde Moussaoui. Il ne doit même pas savoir combien font un plus un. Il ne sait pas lire, pas écrire. Mais comment a-t-il pu? ...
Le visage[7] de Laville s'éteint[8]. Il était persuadé d'être le premier et le voilà battu par un paresseux, un même pas Français.
Le visage de M. Grand est impassible[9]. Ses yeux fixent le papier qu'il tient dans ses mains. Il ouvre à nouveau la bouche:
– Deuxième: Nasser Boueffia.
Cette fois-ci, c'est moi qui vacille[10] ... Je regarde Nasser et ses yeux étonnés. Il essaie de deviner, dans le visage de chacun de nous, le signe d'une conspiration[11] contre lui, mais aucune réponse ne vient. [...]
L'émotion de Laville est évidente. M. Grand regarde la classe d'un œil malicieux[12]. Ça y est! J'ai compris! Je sais ce qu'il fait. Il continue de donner les résultats, et quelques élèves commencent à sourire.
– ... Francis Rondet: avant-avant-dernier. Azouz Begag: avant-dernier. Et notre bon dernier: Jean-Marc Laville.
Maintenant, on rit dans la classe, même M. Grand, qui commence à distribuer les devoirs. [...]
Il arrive vers moi, un sourire aux lèvres:
– Je suis très content de votre travail. Continuez comme ça et tout ira bien.
Il ne reste plus que Laville.
– Bravo, Jean-Marc. Votre travail est excellent.

D'après: Azouz Begag, Le gone du Chaâba

1 **Untel** Soundso 2 **l'élu/e** der/die Auserwählte 3 **la lèvre** die Lippe 4 **l'impatience** *f.* die Ungeduld 5 **le verdict** das Urteil 6 **la stupéfaction** die Verblüffung 7 **le visage** das Gesicht 8 **s'éteindre** erlöschen 9 **impassible** unbewegt 10 **vaciller** den Boden unter den Füßen verlieren 11 **la conspiration** die Verschwörung 12 **malicieux/-euse** schelmisch

DELF **6**

a *Lis le texte et réponds aux questions.*

1. Où sont Azouz Begag et ses camarades?

____

____

2. Que pense Azouz Begag? Qu'espère-t-il?

____

____

3. Pourquoi est-ce que les élèves sont très étonnés quand le maître donne les premiers résultats?

____

____

4. Qu'est-ce que M. Grand a fait?

____

____

b *Comment trouves-tu l'idée de M. Grand? Justifie ta réponse. Écris dans ton cahier.*

c *Complète.* (→ Texte)

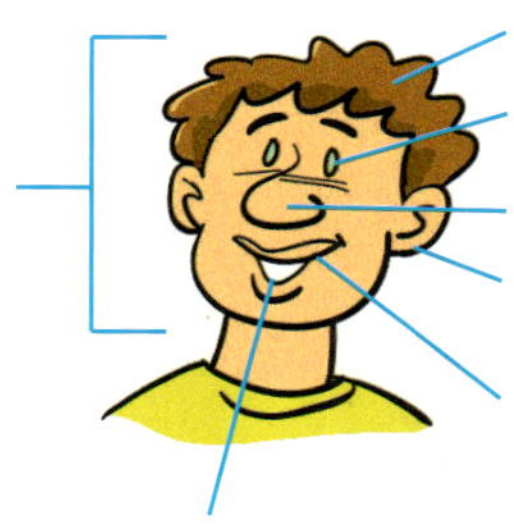

DELF **1** *Coche la bonne réponse.* (→ Texte, p. 55)

1. ☐ Zebda est un chanteur de rap.
   ☐ Zebda est un groupe de musiciens du Maroc.
   ☐ Zebda est un groupe de musiciens de Toulouse.

2. ☐ Leur chanson qui s'est vendue le mieux est la plus engagée.
   ☐ Leur chanson qui s'est vendue le mieux est la moins engagée.
   ☐ Leur chanson qui s'est vendue le mieux parle de drame et d'injustice.

3. ☐ Les textes de leurs chansons sont anti-Français et anti-catholiques.
   ☐ Les textes de leurs chansons ne plaisent pas aux jeunes des cités.
   ☐ Les textes de leurs chansons ne sont pas assez nuancés pour les jeunes des cités.

4. ☐ Les chanteurs du groupe viennent eux aussi des cités.
   ☐ Les chanteurs du groupe n'aiment pas les jeunes des cités.
   ☐ Les chanteurs du groupe veulent plaire aux jeunes des cités.

5. ☐ Le respect des autres et l'honnêteté sont des valeurs qui comptent pour eux.
   ☐ La tolérance et l'argent sont des valeurs qui comptent pour eux.
   ☐ La réussite scolaire et l'argent sont des valeurs qui comptent pour eux.

6. ☐ En France, les Français aiment les Beurs mais pas Zebda.
   ☐ En France, les Beurs aiment Khaled mais pas les Algériens.
   ☐ En France, les Français restent entre eux et les Beurs avec les Beurs.

2 **a** *Retrouve les mots. Écris les noms avec l'article défini.* (→ Texte, p. 55)

b *Utilise au moins trois mots de* **a** *dans des phrases.*

			a	b
1.	d s c r s	i o u	______	______
2.	c h m s	e i e	______	______
3.	n j s t c	i u i e	______	______
4.	d l	i é a	______	______
5.	l g r	é e	______	______
6.	h n n t t	o ê e é	______	______
7.	m p r t n c	i o a e	______	______
8.	r s s t	é u i e	______	______
9.	m l t c l t r l	u i u u e	______	______
10.	s c t	o i é é	______	______
11.	r g n	o i i e	______	______

3 **a** *Retrouve les douze verbes à l'infinitif et écris-les.*

souf- | -endre | dor- | -truire | -frir | cons- | -ir | ser- | entend- | déf- | -rir | -mir | -uire | -re | cond- | réus- | ag- | -sir | comp- | -vir | -rendre | appren- | ouv- | -dre

b *Quels verbes ont la même conjugaison? Retrouve les paires et écris-les.* (→ Les verbes, p. 113)

c *Écris une petite histoire dans ton cahier avec un maximum de verbes de* **a** .

4 **a** *Corrige les phrases. Utilise* c'est / ce sont ___ qui. (→ Repères, p. 57/2)

1. Raoul et Danièle chantent.

2. Coralie joue de la trompette.

3. Carlos joue du piano.

4. Elsa joue du saxophone.

5. Cécile et Stéphane jouent de la guitare.

b *Quels musiciens est-ce qu'ils aiment/préfèrent? Réponds. Utilise* c'est / ce sont ... que. (→ Repères, p. 57/2)

1. Lise: Raoul et Daniel ______________________
2. Philippe: Elsa ______________________
3. Max: Coralie et Carlos ______________________
4. Lucie: Stéphane ______________________

DELF **5** **a** *Des écoles françaises ont participé à un concours «Pour une école du respect». Voilà quelques slogans. Lequel préfères-tu? Explique pourquoi.* (→ Méthodes et stratégies, p. 111)

1 **Je t'écoute. Tu m'écoutes. Nous nous respectons.**

2 ***Chut la violence, le respect est là.***

3 ***Le respect, c'est comme un boomerang: tu donnes, ça te revient!***

4 **Le respect? C'est rien, mais ça change tout!**

____

b *À toi! Participe au concours et trouve un slogan, puis présente-le à tes camarades. Écris dans ton cahier.*

La France en direct: Les valeurs des ados

6 **a** *Lis ce sondage. Puis réponds-y dans ton cahier.*

100 jeunes âgés de 13 à 17 ans ont donné leur avis sur ces douze points. Voici les résultats.

	très important	assez important	pas très important	pas important du tout	sans opinion
La famille	87	12	1	0	0
L'amitié	84	15	1	0	0
Les études	79	18	2	1	0
La fidélité[1] en amour	73	23	4	0	0
Le travail	72	25	3	0	0
La solidarité	69	27	3	1	0
L'amour	58	34	8	0	0
Voter aux élections[2]	52	30	11	7	0
La culture	49	42	8	1	0
L'argent	31	52	14	3	0
La politique	12	33	35	20	0
La religion	12	24	30	34	0

Extrait d'une enquête de la Sofres pour Télérama, en novembre 2002

1 **la fidélité** die Treue 2 **voter aux élections** wählen

b *Compare tes réponses avec celles de tes camarades et discutez.* (→ Méthodes et stratégies, p. 111)

DELF **1** *Vrai ou faux?* (→ Texte, p. 58)

	Vrai	Faux
1. La famille du narrateur vit dans un bel appartement de Paris.	☐	☐
2. Le narrateur n'a pas de copains parce qu'il est pauvre.	☐	☐
3. Sa mère est concierge parce qu'elle parle bien le français.	☐	☐
4. Le célèbre acteur Gérard Depardieu engage sa mère.	☐	☐
5. Un copain du narrateur l'invite à un anniversaire, mais il n'a pas de cadeau.	☐	☐
6. Pour lui, c'est un problème et il ne va pas à l'anniversaire.	☐	☐
7. Il raconte à ses copains qu'il aide sa mère à discuter avec Depardieu.	☐	☐
8. Il connaît bien l'acteur.	☐	☐
9. Il réussit à se faire des copains parce que sa mère travaille pour Depardieu.	☐	☐

2 *Qu'est-ce qu'on dit en français? Traduis ces expressions.* (→ Texte, p. 58)

1. Aber wie (kann man) ohne Geschenk zu einem Geburtstag gehen?

____

____

2. Und wie (soll man) ohne Geld ein Geschenk finden?

____

____

3. Depardieus Filme laufen auch im Fernsehen.

____

____

4. Der Erzähler kann mit Depardieu angeben.

____

____

5. Er sieht sich schon all das den anderen erzählen.

____

6. Alles hat wie vorgesehen geklappt.

____

____

7. Er hat jede Menge Freunde gewonnen.

____

____

8. Er braucht das nicht an die große Glocke zu hängen.

____

____

Préparer le résumé

3 *Relis le texte et raie* les mots ou les phrases qui ne sont pas importants pour le résumé. Compare tes résultats avec tes camarades.*

*rayer qc etw. durchstreichen

Les parents du jeune narrateur (11 ans) et de sa sœur Ana (16 ans) sont Portugais. Le père est au chômage depuis de nombreux mois, la famille a des dettes. La mère trouve une place de concierge dans un quartier très chic de Paris, mais toute la famille doit vivre dans une seule pièce. Les enfants changent de quartier et d'école. Ana a vite une amie, son frère n'en a pas encore. Mais il espère: Un camarade, Claude-Henri, l'a invité à son anniversaire. Mais comment aller à un anniversaire sans cadeau? Et comment – sans argent – trouver un cadeau? ▸

Il était déjà assez tard quand j'ai entendu frapper à la porte. Ma mère a ouvert. C'était sûrement Ana qui revenait de chez sa copine. Mais non. C'était un type qui parlait français. J'ai entendu un grand rire. Puis j'ai reconnu la voix. La voix de la star. C'était au cinéma, il y a très longtemps, je connaissais presque tous ses films. Ils passaient aussi à la télé, pas tous les soirs mais presque. C'était le nouveau locataire qui engageait maman pour son ménage. Gérard Depardieu, GÉRARD DEPARDIEU engageait ma mère. (…) Le cadeau de Claude-Henri devenait beaucoup moins important. Même sans cadeau, je pouvais frimer avec Depardieu. J'emmenais un sujet de discussions et de délire. Mes camarades savaient que ma mère était concierge. Maintenant, je pouvais leur dire qu'elle était la dame de confiance de Gérard Depardieu et que je l'aidais à discuter avec lui (ma mère ne parlait pas très bien le français). Je me voyais très bien raconter tout ça aux autres. Je n'avais pas encore vu Depardieu, mais je n'avais pas besoin de le crier sur tous les toits.

Le lendemain, je suis allé à l'anniversaire de Claude-Henri et tout a marché comme prévu. Cette fête a été formidable. Dans les jours qui ont suivi, je me suis fait plein de copains et comme Ana, j'ai pu aller chez les uns pour déjeuner, chez les autres jouer ou travailler.

J'avais bien senti l'importance de cet anniversaire pour m'intégrer complètement et repartir dans une autre vie. Avec d'autres vrais copains. J'avais réussi mon examen de passage. Tout seul.

Enfin … Merci, Monsieur Gérard.

D'après: Roland Lamarre, Un scénario béton comme la vie, 1999

Réviser: L'imparfait et le passé composé

4 *Mets les verbes entre parenthèses au passé composé ou à l'imparfait.*

Quelqu'un ________________ (frapper) à la porte. Mon père ________________ (aller) ouvrir.

C'________________ (être) sûrement le voisin qui ________________ (venir) nous dire que la musique ________________ (être) trop forte. Mais non. C'________________ (être) la voix d'un homme que je ne ________________ pas (connaître). Il ________________ (parler) un moment à mon père, puis il ________________ (partir). J'________________ (entendre) la porte se refermer. Mon père ________________ (entrer) dans la cuisine sans rien dire.

La France en direct: Gérard Depardieu

5 *Lis ces informations sur Gérard Depardieu et écris un petit texte pour le présenter à tes camarades.* (→ Méthodes et stratégies, p. 112/5)

Nom:	Depardieu
Prénom:	Gérard
Profession:	acteur
Date de naissance:	27-12-1948
Lieu de naissance:	Châteauroux, dans l'Indre
Enfance:	Châteauroux
Frères et sœurs:	cinq
École:	jusqu'en 1961
Passions:	cinéma, langue française
Départ:	pour Paris
1971:	premier film «Le Tueur»
Cinéma:	Plus de cent films. «Camille Claudel», 1988, «Green Card», 1990, «Cyrano de Bergerac», 1990, «L'Homme au masque de fer», 1998, «Astérix et Obélix contre César», 1999, «Astérix et Obélix – Mission Cléopâtre», 2001
Télévison:	Le Comte de Monte-Cristo, Balzac, Notre-Dame de Paris
Nombreux prix:	prix du meilleur acteur à Cannes, Hollywood et Venise

SÉQUENCE 1

1 Die Bildung des „conditionnel“

Complète par des formes au conditionnel.

1. Tu ____________ (devoir) lui demander son avis.
2. On ____________ (pouvoir) inviter Charlotte et Chloé.
3. Est-ce que vous ____________ (pouvoir) répéter, s'il vous plaît?
4. Vous ____________ (devoir) aller voir ce film.
5. Ça te ____________ (plaire) de faire ce voyage avec moi?
6. Je ____________ (vouloir) t'inviter à mon anniversaire.

2 Wortschatz

Fais ces mots-croisés.

1. Le contraire d'«envoyer»: [?]
2. Le don du sang est un [?] qui peut sauver une vie.
3. On dessine avec un [?].
4. Une vieille personne est une personne [?].
5. «Action contre la faim» est une association [?].
6. Écris ces phrases dans ton [?].
7. «Handicap» est une [?].
8. «Le [?]» est le nom de «donner».
9. «Un regard, un enfant» aide les enfants [?].
10. Les jeunes ont couru pour [?] de l'argent.
11. Pour marcher longtemps sans avoir mal aux pieds, il faut avoir de bonnes [?].
12. «Action contre la faim» a pour [?] d'aider les gens qui n'ont rien à manger.

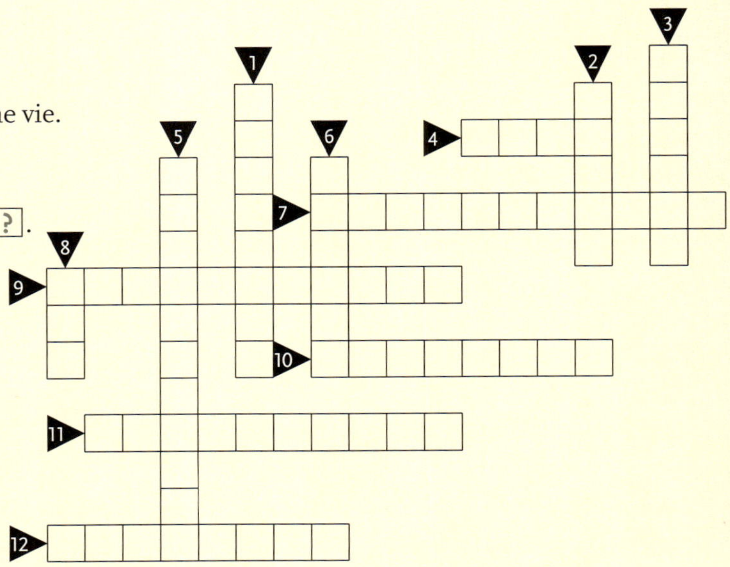

SÉQUENCE 2

3 Der irreale Bedingungssatz

Forme les phrases avec si. *Utilise l'imparfait et le conditionnel.*

1. nous / avoir le temps – nous / faire le tour du monde en bateau
2. je / ne pas vivre chez mes parents – je / habiter avec des copains
3. elle / savoir ça – elle / ne pas être contente

SÉQUENCE 3

4 Das Demonstrativpronomen und das Fragepronomen

Complète par une forme de lequel *et une de* celui.

1. – Tu as vu le film, hier soir? + ____________ ? – ____________ sur Canal +.
2. – J'aime beaucoup ces chaussures. + ____________? – ____________ de droite.
3. – Tu connais ces deux garçons? + ____________ ? – ____________ qui disent bonjour à Sonia.
4. – Tu as vu l'émission sur TF1? + ____________ ? – ____________ sur les éléphants.
5. – J'ai adoré le CD de Zebda. + ____________ ? – ____________ où ils parlent de leurs mères.

SÉQUENCE 4

5 Qu'est qu'on dit? Redewendungen

Traduis les phrases.

1. Es ist schwer zu verstehen. ______________________________
2. Reicht dir das nicht? ______________________________
3. Er hat Lust Musik zu machen. ______________________________
4. Wir brauchen ihnen nicht zu gefallen. ______________________________

6 Die „mise en relief"

Qu'est-ce qu'ils pensent de Zebda? Complète. Utilise c'est / ce sont ___ qui/que.

1. Moi, ______________ «Tomber la chemise» ______________ je préfère.
2. ______________ le chanteur Hakim Amokrane ______________ me plaît le plus.
3. Moi, ______________ leurs chansons engagées ______________ j'adore.
4. Pour moi, ____________ le pianiste et le guitariste ____________ jouent le mieux.
5. Très souvent ____________ les chansons assez légères ____________ ont du succès.
6. Je pense que ____________ leur dernier CD ____________ se vendra le mieux.
7. ____________ les jeunes des cités ____________ critiquent Zebda.
8. Moi, ____________ le nom du groupe ____________ je trouve drôle: Zebda veut dire «beurre» en arabe!

* **le mélange** die Mischung

Die Lösungen findest du auf S. 78.

Compréhension écrite et grammaire

1 *Réponds aux questions.* (→ Texte, p. 60)

1. Que font les élèves pour aider les pays qui ont faim?

____

____

____

2. Les «Restaurants du Cœur» qu'est-ce que c'est?

____

____

____

3. Quel est l'objectif de «Sol en Si» et que fait concrètement cette association?

____

____

____

2 *Complète par la bonne préposition. Utilise* à, dans, de, en, par, pour *ou* sur.

1. Beaucoup de jeunes s'engagent ______ des associations humanitaires, ______ le tiers-monde, ______ exemple.
2. Grâce ______ Restos du Cœur, les gens qui sont ______ des situations difficiles peuvent manger ______ leur faim.
3. L'association «Sol en Si» permet ______ malades ______ Sida ______ rester le plus longtemps chez eux. Ils continuent le plus longtemps possible ______ vivre avec leur famille.
4. Il y a ______ France beaucoup ______ associations humanitaires ______ toutes les grandes villes. On trouve leur adresse ______ Internet.

3 *Relie les phrases. Utilise le pronom relatif* qui *ou* que. *Écris dans ton cahier.*

1. «Un regard, un enfant» est une association humanitaire. Elle a pour objectif d'aider les enfants défavorisés dans le monde entier.
2. «Les Restaurants du Cœur», c'est une association. Beaucoup de gens connaissent cette association.
3. Partout dans le monde, il y a des associations humanitaires. Les jeunes peuvent aider ces associations.
4. «Solidarité Afrique» envoie des cartables aux enfants africains. Les jeunes donnent ces cartables.
5. «Sol en Si» est une association. Elle s'occupe d'enfants et de leurs parents malades du Sida.

Production écrite

4 *Égoïstes, les jeunes? Qu'est-ce que tu en penses? Donne des exemples. Écris dans ton cahier.*

Production orale

5 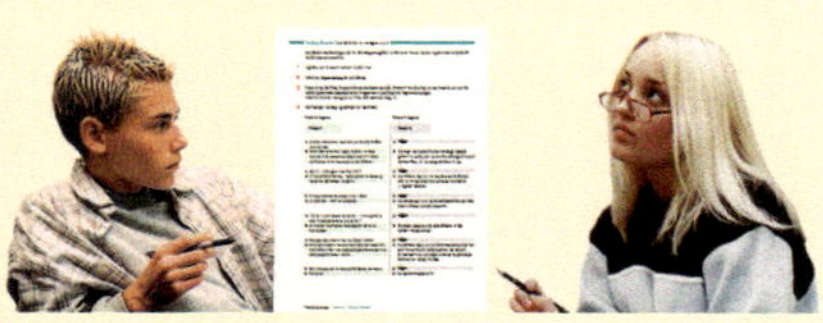

Fais le tandem, p. 74.

Dossier 4 La France et l'Allemagne

SÉQUENCE 1

1 *Explique les mots suivants. Tu peux donner un exemple, une définition, un synonyme ou un contraire.*
(→ Méthodes et stratégies, p. 109)

1. le siècle: Ça veut dire «cent ans». ___
2. l'intolérance: ___
3. l'intention: ___
4. traduire qc: ___
5. faux/fausse: ___

2 *Regarde le dessin et décris les personnes. Utilise le garçon / la fille au/aux / à la ___ .*

Le garçon au pull jaune, c'est Noah. Driss, c'est ___

___

___

___

___

___

___

___

3 *Qu'est-ce qu'on dit? Trouve l'expression.* (→ Repères, p. 67/1)

1. Es handelt sich um eine schöne Liebesgeschichte.

___

2. Hast du etwa vor uns zu verlassen?

___

3. Du nervst mich.

___

4. Ich habe nicht die Absicht, hier länger zu bleiben.

___

5. Es handelt sich um ein neues Buch.

___

4 O *Transforme ces questions. Utilise l'inversion.* (→ Repères, p. 67/2)

1. ___
2. ___
3. ___
4. ___
5. ___
6. ___
7. ___

5 ● *Trouve les questions et écris-les. Utilise l'inversion.* (→ Repères, p. 67/2)

1. – ______________________________
+ Oui, un peu ... Je sais dire: «Ich liebe dich.»

2. – ______________________________
+ Oui, nous la connaissons bien. Nous avons visité Marseille, Toulon, Cannes et Nice.

3. – ______________________________
+ Paul? Il revient samedi, je crois ...

4. – ______________________________
+ Monsieur prend un café et moi, un orangina.

5. – ______________________________
+ Elle a peur de redoubler.

6. – ______________________________
+ Oui, nous l'avons vu et nous avons adoré Isabelle Huppert dans ce rôle.

Lecture: Partir en Allemagne avec le programme Voltaire

DELF **6** **a** *Lis ce texte.*

«Je suis arrivée début mars 2001 en Allemagne, à Coblence. Le lundi était mon premier jour au lycée. La prof de français s'est occupée de moi et m'a fait visiter le lycée. Au début, ce n'était pas très facile, mais heureusement que certains profs parlaient français. J'avais cours du lundi au samedi et de 8 h à 12 h 20. J'avais comme matières: français, allemand, anglais, social, religion, histoire, géographie, physique, chimie, biologie, musique, dessin. On sortait pratiquement tous les soirs. L'après-midi, j'allais souvent faire un tour en ville. Coblence est une ville intéressante parce qu'il y a le «Deutsches Eck»: c'est le point de rencontre entre le Rhin et la Moselle. Il y a aussi une église Saint-Castor. Devant cette église se trouve un monument français. Je m'entendais très bien avec ma famille et les voisins. Ils étaient très sympa avec moi et je suis même allée à Cologne avec la sœur de ma correspondante. En français, on est allé voir «Le Malade imaginaire» de Molière, qui était joué par des étudiants allemands. Un week-end, on est aussi allé à Mayence pour parler des problèmes à l'école. Vers la fin de l'année, il y a eu le «Hallenmasters der Schulen», une compétition de football and cheerleading entre tous les lycées de Coblence. À la fin de l'année, j'ai reçu mon bulletin[1] semestriel. J'en suis très fière.
Cet échange était vraiment super. Je le referais bien. Et je vous encourage à le faire parce qu'on s'éclate[2] bien et que c'est très enrichissant.»

b *Réponds aux questions.*

1. Qui parle? Justifie ta réponse.
2. La personne qui parle a-t-elle aimé cet échange? Justifie ta réponse.

____
____
____
____
____
____
____
____
____

c *Aimerais-tu participer au programme Voltaire? Pourquoi? Donne des arguments pour ou contre un échange. Écris dans ton cahier.*

1 **le bulletin** das Zeugnis 2 **s'éclater** *fam.* s'amuser

1 ○ *Relis le texte, p. 68–69, lignes 10–16, note tous les temps du passé dans la bonne colonne.* (→ Repères, p. 71/2)

imparfait (description)	passé composé (il y a un mois)	plus-que-parfait (avant)

2 ● *Complète le texte par des formes au passé composé, à l'imparfait ou au plus-que-parfait.* (→ Repères, p. 71/2)

Marie: Le premier jour, je ____________ (ne pas entendre) le réveil parce que j'____________ (mal dormir) et je ____________ (arriver) en retard. Ça ____________ (commencer) plutôt mal mais le prof ____________ (ne rien dire). On ____________ (lire) un texte de Brecht. Je ____________ (ne rien comprendre), c' ____________ (être) terrible et j'____________ (avoir) envie de pleurer. À Toulouse, je ____________ (ne jamais lire) Brecht en allemand! À la récré, mes nouveaux copains m'____________ (poser) plein de questions, mais là ça ____________ (aller) déjà beaucoup mieux, je ____________ (comprendre) tout ou presque ... et ils me ____________ (comprendre). À midi, quand je ____________ (sortir), il ____________ (pleuvoir) et bien sûr, je ____________ (ne pas prendre) mon imper ...

3 *Fais les phrases. Utilise* ne ... ni ... ni. (→ Repères, p. 71/3)

1

il – savoir – lire – écrire

2

il – parler – anglais – français

3

elle – aimer – le poisson – la viande

il – écrire à – sa copine – sa grand-mère

elle – prendre – la voiture – le métro

ils – aimer – le rap – le hip-hop

1. ______

2. ______

3. ______

4. ______

5. ______

6. ______

Réviser: le discours indirect

4 *Mets les phrases au discours indirect.* *Utilise:* Elle dit/raconte que ___ . Elle demande / veut savoir comment/si ___ .

Coucou Mathilde!
Le temps passe vite! Je suis à Hambourg depuis un mois. C'est une très grande ville et elle est super. Il pleut très souvent ici, c'est l'horreur! Au lycée, je n'ai pas trop de problèmes, mais je ne suis pas très bonne en allemand. J'ai des copains sympa comme tout. Est-ce que tu es toujours amoureuse de Philippe? Est-ce que Laure est dans ta classe, cette année? Comment vont tous les copains?
Je t'embrasse Marie

______

______

______

______

______

______

______

______

______

______

______

Réviser: Le vocabulaire du temps

5 *Quel temps fait-il? Décris les dessins.*

1. ______________________________

2. ______________________________

3. ______________________________

4. ______________________________

DELF **6** *Laurence répond à la lettre de Marie. Imagine cette lettre et écris-la dans ton cahier. Tu peux donner des nouvelles des copains, du collège, parler de la vie quotidienne, poser des questions à Marie.* (→ Texte, p. 68–69)

La France en direct: Toulouse

DELF **7** **a** *Note* V *si c'est vrai,* F *si c'est faux.*

- ☐ Toulouse est dans le nord de la France.
- ☐ C'est une des plus grandes villes de France.
- ☐ Après le bac, on peut y faire des études.
- ☐ C'est une ville où on mange très bien.

b *Tu voudrais faire un voyage à Toulouse. Écris à l'Office de tourisme pour demander de la documentation.* (→ Méthodes et stratégies, p. 104–105)

Office de tourisme de Toulouse
Donjon du Capitole
B.P. 0801-31080
Toulouse Cedex

c *Tu peux aussi préparer un petit voyage d'une semaine pour ta classe. Comment allez-vous arriver à Toulouse? Où allez-vous manger et dormir? Qu'est-ce que vous allez visiter? Quelles activités voudrais-tu proposer à tes camarades? Fais des recherches sur Internet et organise un programme. Puis présente-le à tes camarades.*

http://www.ot-toulouse.fr

Entre la Méditerranée et l'Atlantique, à 730 km de Paris, **TOULOUSE**, capitale de la région Midi-Pyrénées, est la quatrième ville de France. Toulouse compte 700.000 habitants, trois universités et 14 grandes écoles*. La qualité de vie et la gastronomie font de «la ville rose» une ville où il fait bon vivre.

* **une grande école** eine Fachhochschule

DELF **1** *Que dit le texte? Coche la phrase qui convient.* (→ Texte, p. 72–73)

1. ☐ Yvonne, Justus, Julien et Sophie veulent tourner un film.
   ☐ Yvonne, Justus, Julien et Sophie veulent faire un stage à Arte.
   ☐ Yvonne, Justus, Julien et Sophie veulent fonder une entreprise de DVD.

2. ☐ Les Français et les Allemands aiment le même genre de films.
   ☐ Les Français préfèrent les films psychologiques et les Allemands plutôt l'action.
   ☐ Les Français et les Allemands aiment les films avec des scènes de la vie quotidienne.

3. ☐ Les Français commencent à aimer les films allemands.
   ☐ Les Français commencent à aimer les films de langue allemande.
   ☐ Les Français ont apprécié «Cours, Lola, cours» mais pas «Une Enfance africaine ».

4. ☐ Beaucoup d'Allemands n'aiment pas les films français.
   ☐ Beaucoup d'Allemands n'aiment pas les acteurs français.
   ☐ Beaucoup d'Allemands apprécient les films et les acteurs français.

Réviser: Le conditionnel

2 *Complète. Utilise le conditionnel.*

1 On _ne devrait plus_ (devoir) choisir les films ensemble.

2 Oui, ce __________ (être) mieux de partager le travail.

3 Toi, Julien, tu __________ (proposer) les films français, et nous, nous __________ (donner) seulement notre avis.

4 Justus, tu __________ (choisir) les films autrichiens,

5 Oui, comme ça, nous __________ (perdre) moins de temps. Chacun de nous __________ (avoir) sa spécialité.

6 Yvonne __________ (vendre) nos DVD en Allemagne et en Autriche, moi je __________ (faire) la pub en France et dans les autres pays francophones*.

* **francophone** französischsprachig

3 ○ *Actif ou passif? Note le numéro des phrases à la bonne place.* (→ Repères, p. 75/2)

1. La ville a connu un grand essor* au XIIe siècle.
2. Cette église a été construite entre 1070 et 1120.
3. Le château a été vendu après la guerre.
4. Mais personne n'y a vécu jusqu'en 1980.
5. Ce monument a été restauré l'année dernière.
6. L'usine a fermé. Mais elle sera peut-être rachetée.
7. Un film a été tourné ici en 1995.
8. Juliette Binoche a dormi dans cet hôtel.

* **un essor** ein Aufschwung

forme active ____________________

forme passive ____________________

4 ● *Que va dire le journaliste à la radio? Utilise la forme passive.* (→ Repères, p. 75/2)

1 **Appartement cambriolé ce matin**
2 **Voiture volée sur les Champs-Élysées**
3 **Petit chien trouvé dans un sac**
4 **Élèves de différents collèges invités au festival d'Avignon**
5 **Assassin de M. X interrogé par la police**
6 **Céline Dion attendue ce soir au Zénith**

____

____

____

____

____

____

5 **a** *Relis le texte, p. 72–73 et note les mots, expressions ou phrases qu'on utilise pour discuter. Écris dans ton cahier.* (→ Méthodes et stratégies, p. 111)

DELF **b** *Choisis une des situations et imagine un dialogue. Trouve des arguments pour ou contre. Écris dans ton cahier.*

1. Deux ami(e)s sont allés au concert. L'un(e) a aimé, l'autre n'a pas trop apprécié.
2. Deux ami(e)s décident de partir en vacances ensemble, mais ils/elles ne sont d'accord ni sur la destination ni sur l'organisation du voyage.
3. Des ami(e)s veulent organiser une fête pour l'anniversaire de l'un(e) d'eux, mais ils/elles ne sont pas d'accord sur le programme.

SÉQUENCE 1

1 Qu'est-ce qu'on dit en français? Redemittel.

Traduis ces phrases.

1. Aurais-tu l'intention de me demander de l'argent?

____

2. De quoi s'agit-il?

____

3. Depuis notre voyage, il m'énerve.

____

2 Die Inversionsfrage

Retrouve les questions. Utilise l'inversion.

1. ____
– Il est dix heures moins le quart.

2. ____
– Moi, ça va et toi?

3. ____
– Nous partons demain matin.

4. ____
– Bien sûr que je peux t'aider.

SÉQUENCE 2

3 Das „plus-que-parfait"

Complète les phrases par des formes au passé composé, à l'imparfait ou au plus-que-parfait.

1. Ce matin, nous ____________ (être) fatigués parce que nous ______________ (regarder) la télé très tard.

2. Elle ______________ (retourner) chez elle parce qu'elle ______________ (oublier) son porte-monnaie.

3. Je ______________ (arriver) à 14 heures parce que tu m'______________ (dire) de ne pas venir avant midi.

4 Die Verneinung mit „ne ... ni ... ni"

Écris le contraire.
Utilise ne ... ni ... ni.

1. Pierre est grand et gros.

2. Nous sommes sortis samedi et dimanche.

3. Je parle espagnol et anglais.

SÉQUENCE 3

5 Qu'est-ce qu'on dit en français? Redemittel

Traduis.

1. Man darf nicht verallgemeinern.

2. Das hat nichts mit dieser Geschichte zu tun.

3. Ich kann mich nicht mehr an die Geschichte erinnern.

4. Ich finde diesen Roman spannend.

6 Das Passiv

Forme les phrases.
Utilise la forme passive.

Connaissez-vous «La Fleur du Mal»?

l'histoire / filmer / par Claude Chabrol
le film / tourner / en 2003
les acteurs / choisir / en France
le titre / traduire en allemand / par «Die Blume des Bösen»
l'histoire / apprécier / par beaucoup de gens.

L'histoire a été filmée par

Die Lösungen findest du auf S. 80.

Compréhension écrite et grammaire

1 *Quelles phrases correspondent au texte? Coche la bonne réponse.* (→ Texte, p. 76)

1. ☐ Les Bauer habitent dans le centre de Sarrebruck.
   ☐ Les Bauer habitent en banlieue de Sarrebruck.
   ☐ Les Bauer habitent près du centre-ville.

2. ☐ Denis fait la connaissance de Petra et de Klaus chez les Bauer.
   ☐ Denis connaît déjà le frère et la sœur de Rolf.
   ☐ Denis fait la connaissance de la sœur et du frère de Rolf à la gare de Sarrebruck.

3. ☐ Denis va dormir dans la chambre de Petra.
   ☐ Denis va dormir dans la salle à manger.
   ☐ Denis va dormir dans la chambre de Klaus.

4. ☐ À la télé, il comprend seulement les noms.
   ☐ À la télé, il comprend bien parce qu'il y a aussi les images.
   ☐ À la télé, il ne comprend rien.

2 *Complète par une forme de* aller *ou* venir *au présent ou au passé composé.*

3 *Pose les questions sur les parties soulignées. Utilise l'inversion.*

1. Ils habitent assez loin du centre-ville.

2. Rolf présente sa famille à Denis.

3. Oui, j'ai apporté mes baskets.

4. Le présentateur parle de manière monotone.

5. Ce jeu de société marche assez simplement.

6. Oui, Denis joue à ce jeu.

Production écrite

4 *Deux jours après son arrivée, Denis écrit une lettre à ses parents et leur raconte ses expériences. Imagine la lettre et écris-la.*

Production orale

5

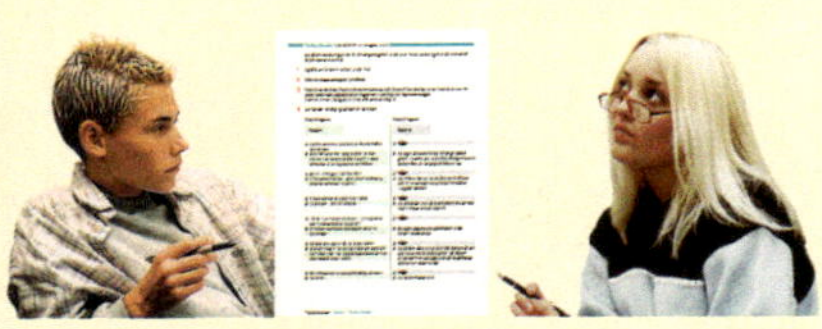

Fais le tandem, p. 75.

facultatif

Dossier 5 Le monde francophone

SÉQUENCE 1

DELF **1** **a** *Corrige les erreurs.* (→ Texte, p. 80–81)

Réservez une place à l'auberge de jeunesse «Georges Rémi».

À Liège, vous pouvez faire une croisière sur la Moselle.

L'escalier de la montagne de Bueren conduit à l'Aquarium.

Georges Simenon est célèbre parce qu'il est l'auteur de «Fantômas».

À Liège, on ne peut pas faire facilement du lèche-vitrines.

Le marché de la Batte est un marché au pied de la montagne de Bueren.

Au musée du verre, vous pouvez faire la connaissance de Delvaux.

Si vous avez soif, buvez une gaufre.

b *Qu'est-ce que les touristes ont visité? Retrouve leur itinéraire en regardant leurs photos, et raconte leur journée. Utilise* d'abord, après, ensuite, puis, à ___ heures, le matin, l'après-midi …

4

3

6

1

2

5

2 ○ *Que font-ils? Écris les phrases. Utilise le gérondif.*
(→ Repères, p. 85/2)

1. Il travaille en chantant. / Il chante en travaillant.
2. ______
3. ______
4. ______
5. ______
6. ______
7. ______
8. ______

3 ● *Comment bien préparer un examen? Utilise le gérondif.* (→ Repères, p. 85/2)

On peut préparer un examen en ______

______

______

______

4 **a** *Note les mots ou expressions qu'on peut utiliser pour préparer la visite d'un endroit. Écris dans ton cahier.* (→ Texte, p. 80–81, Liste alphabétique, p. 151)

b *Note maintenant les mots ou expressions qu'on peut utiliser pour visiter une ville. Écris dans ton cahier.*

DELF **5** *Fais des propositions d'itinéraire pour un groupe de jeunes touristes français qui voudraient faire la connaissance de ta ville ou de ta région. Tu peux ajouter des photos. Écris dans ton cahier. Utilise les mots et les expressions de l'exercice 4.*
Tu peux utiliser:

Vous aimez (la nature)? Alors, (allez) ___ .
Vous préférez (l'histoire)? (Visitez) ___ .
Vous vous intéressez à ___ ? (Faites) ___ .
Vous voulez (voir) ___ ? (Allez) ___ . Vous pouvez (visiter) ___ .
Vous êtes (fatigués/sportifs/paresseux)? Alors, (faites) ___ .

La Belgique en direct: Sur les traces de Simenon

DELF **6** **a** *Tu ne comprends pas tous les mots, mais tu peux comprendre le texte. Lis-le et réponds aux questions.*

Adresse http://www.liege.be/visitelg/tourisme/promenad/20promna/tracesim.htm
Liens Démarrage de Internet Guide des chaînes Infos sur Internet Explorer Le meilleur du Web Personnalisation des liens

Une organisation de l'**Office du Tourisme** de la **Ville de Liège**

Sur les traces de Simenon
Itinéraire balisé et «audioguidé»

Départ: Maison du Tourisme, Pl. St-Lambert, 32–35 – Liège
Modalités Horaires:
L'**audioguide** se retire à la Maison du Tourisme, il est loué pour une durée de 2h30 (il faut compter 1h45 pour faire le circuit).
15h est l'heure ultime pour emprunter l'audioguide
(l'heure ultime de rentrée est 17h15).

Georges Simenon est né à Liège, il y a passé son enfance et son adolescence: en parcourant son œuvre, on découvre les personnages, les paysages et l'ambiance de Liège qui ont inspiré les romans célèbres du père de Maigret.
Une promenade pédestre balisée d'un peu moins de 2 heures permettra aux visiteurs de découvrir les lieux «magiques» qui ont influencé notre grand romancier. De plus, ce circuit est mené sous forme d'enquête policière puisque c'est ni plus ni moins l'enquête du Pendu de Saint-Pholien que l'on rouvre …

1. Où commence le parcours «Sur les traces de Simenon»?

______

______

2. Une personne spécialisée vous montrera des endroits importants pour les romans policiers de Simenon. Vrai ou faux?

______

______

______

3. Trouve dans le texte deux synonymes* du mot «parcours».

______

______

4. Tu es devant la Maison du Tourisme à trois heures et quart de l'après-midi: Peux-tu faire la promenade organisée?

______

______

______

b *Écris un message ou une lettre à la Maison du Tourisme pour avoir d'autres informations. Écris dans ton cahier.* (→ Méthodes et stratégies, p. 104–105)

prix? prix de groupes / tarif spécial?
horaires de groupes? réservations? ___

* **le synonyme** das gleichbedeutende Wort

1 *Trouve les mots et complète.* (→ Texte, p. 86–87)

1. Mon grand-père a une montre en ?.
2. Tous mes vêtements sont en ?.
3. Ils ont nagé dans le ?.
4. Avez-vous passé un ? agréable?
5. Le ? est un animal qui vit dans les pays chauds.
6. À la ? des pluies, il pleut beaucoup.
7. À quoi sert cet ? bizarre?
8. On a fait une grande promenade dans la ?.

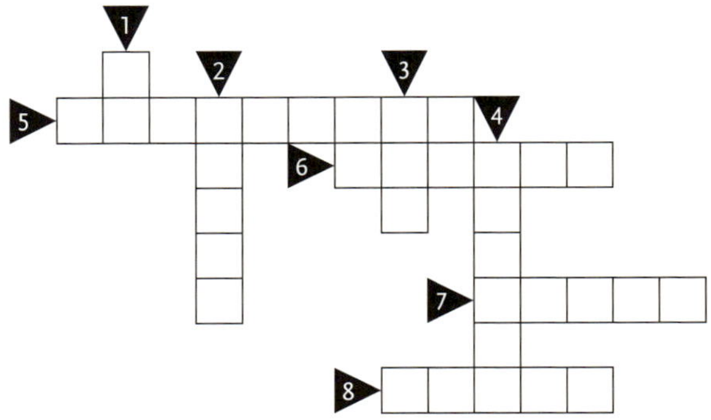

2 *Trouve six questions sur le texte, p. 86–87 pour tes camarades. Écris-les dans ton cahier.*

3 O *Qu'est-ce qu'ils disent? Formule les phrases. Utilise le pronom relatif* dont. (→ Repères, p. 91/2)

1. l'enfant – je – s'occuper de qn

2. l'ordinateur – vous – avoir besoin de qc

3. la fille – mon frère – être amoureux de qn

4. la montre – ma sœur – avoir envie de qc

5. le roman – tout le monde – parler de qc

6. le chanteur – ma mère – avoir tous les CD de qn

1. C'est l'enfant dont je m'occupe.
2. ______
3. ______
4. ______
5. ______
6. ______

4 **a** ● *Complète les phrases par le pronom relatif* dont, où, que *ou* qui. (→ Repères, p. 91/2)

C'est un pays ________ vous ne connaissez pas encore mais

________ vous allez aimer.

________ 65 % des habitants ont moins de 30 ans.

________ vit de l'agriculture et du tourisme.

________ beaucoup de gens aiment venir parce qu'il y a des beaux paysages.

________ le festival du cinéma africain a lieu chaque année en février.

________ la capitale s'appelle Ouagadougou.

________ vous serez amoureux si vous le visitez.

b *Présente une personne célèbre. Utilise le pronom relatif* qui, que, dont.

____

____

____

____

____

____

5 **a** *Connais-tu les pays francophones? Coche la bonne réponse.*

1. Le pays d'Afrique dont la langue nationale est le ouolof, c'est
   - [U] le Burkina.
   - [K] le Sénégal.
   - [M] l'Algérie.

2. L'île dont la capitale est Tananarive s'appelle
   - [G] la Guadeloupe.
   - [O] la Martinique.
   - [A] Madagascar.

3. La ville dont le symbole est «la porte de l'eau», c'est
   - [D] Tunis.
   - [A] Ouagadougou.
   - [T] Bruxelles.

4. Le pays dont les habitants parlent français, allemand, romanche ou italien, c'est
   - [R] la Suisse.
   - [P] la Belgique.
   - [S] le Luxembourg.

5. La province canadienne dont la langue officielle est le français, c'est
   - [U] l'Alaska.
   - [B] l'Ontario.
   - [D] le Québec.

b *Mets les lettres dans l'ordre pour trouver le nom d'une ville et complète.*

☐☐☐☐☐ est la capitale du

____

6

○ *Complète les phrases. Utilise le discours indirect.* (→ Repères, p. 91/3)

1. J'ai entendu dire que ______________________________
2. J'ai lu qu'il ______________________________
3. Des touristes ont demandé à un marchand où ______________________________
4. Un homme a dit qu'il ______________________________
5. Des jeunes ont demandé quand ______________________________
6. J'ai entendu dire que ______________________________
7. On m'a raconté qu'______________________________

7

● *Avant son départ pour Paris, Dominique a téléphoné à un copain français qui parle de cette conversation à sa copine. Mets les phrases au discours indirect.* (→ Repères, p. 91/3)

1. Dominique m'a dit qu'il

La Francophonie en direct: 170 millions de Francophones

DELF **8** **a** *Lis le texte.*

Sur notre planète, 170 millions de personnes parlent le français dans une cinquantaine de pays. Pour certains, le français est leur langue maternelle, pour d'autres, il est une langue parlée à côté d'autres langues locales. Les états et gouvernements francophones dont la plupart se trouvent en Afrique sont répartis sur tous les continents. Tous les Francophones utilisent la même langue, mais il existe des expressions particulières dans chaque pays:

Si vous allez en Belgique, vous entendrez «septante» qui veut dire «soixante-dix», «ottante» et «nonnante» pour «quatre-vingt» et «quatre-vingt-dix».
Si quelqu'un vous dit qu'«il est tombé en amour», vous comprendrez que vous parlez à un Québecois qui vient de tomber amoureux, s'il vous dit qu'il va «magasiner», il veut dire qu'il va «faire des courses».
Si un Africain vous dit que vous «avez la bouche sucrée», il trouve que vous bavardez beaucoup ...

D'après le Journal de l'Agence de la Francophonie

b *Réponds. Quelles phrases correspondent au texte?*

1. ☐ Il y a plus de pays francophones en Afrique qu'en Europe.
   ☐ C'est en Europe qu'on parle le plus souvent français.

2. ☐ Dans tous les pays francophones, on parle exactement la même langue.
   ☐ Dans chaque pays francophone, il y a des mots ou des expressions qu'on n'utilise pas dans les autres pays.

3. Si quelqu'un vous dit: «Mon grand-père a septante-trois ans»,
   ☐ il est Québecois.
   ☐ il est Africain.
   ☐ il est Belge.

SÉQUENCE 1

Le gérondif

1 *Transforme les parties de phrases soulignées, puis réécris les phrases. Utilise le gérondif.*

1. Ils s'énervent toujours quand ils parlent.
2. Il est parti et il a oublié son porte-monnaie.
3. Elles ont eu un accident quand elles sont allées à Toulouse.

SÉQUENCE 2

Le pronom relatif *dont*

2 *Traduis les phrases. Utilise le pronom relatif* dont.

1. Das Buch, das ich brauche, kostet 10 Euro.
2. Guck mal, das ist der Computer, den ich haben möchte.

Le discours indirect au passé

3 *Qu'est-ce qu'il a dit? Réponds en utilisant le discours indirect au passé.*

* **le marin** der Seemann

Die Lösungen findest du auf S. 81.

Le jeu de la France et de la Francophonie

Règles du jeu – Spielregeln

Mit diesem Spiel könnt ihr euren Kenntnisstand über Frankreich und frankophone Länder überprüfen. Drei spielen jeweils zusammen.
In jeder Gruppe übernimmt ein/e Spieler/in die Rolle des Spielleiters und kontrolliert die Antworten (→ S. 81). Die anderen spielen gegeneinander.
Jeder Spieler braucht neun Spielsteine, z. B. Münzen. Wählt abwechselnd eine Aufgabe aus und legt für jede richtige Antwort eine Münze auf das Feld. Wer zuerst die drei Felder in einer Reihe belegt hat, hat gewonnen.

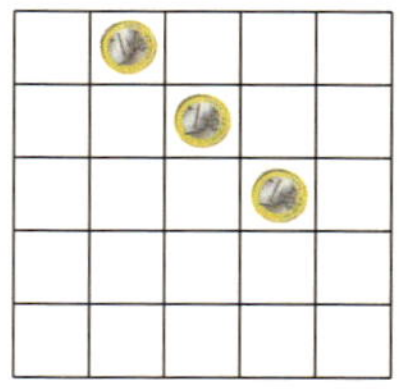

P ihr sucht nach einer Person;
G ihr antwortet auf eine Geographie-Frage;
D *divers* – Sonstiges

Tipp: Wenn ihr bei der Lösung der Aufgaben Schwierigkeiten habt, lest vorher das Kleine landeskundliche Wörterbuch!

G1 Je fais 4804 m et j'habite à la frontière entre la France et l'Italie.	**D3** Jules Verne est né à – Nantes? – Liège? – Montréal?	**D9** «OFAJ», qu'est-ce que ça veut dire?	**P4** Je suis philosophe et j'ai donné mon nom à un programme d'échanges.	**D4** Quand est-ce qu'on doit appeler le SAMU?
P3 Je suis célèbre pour mes fables.	**D1** Qui a signé le «traité franco-allemand de coopération, et quand?	**G7** Je suis une région française où on trouve des champs de lavande.	**P6** J'ai fait «Alien 4» et «Le fabuleux destin d'Amélie Poulain».	**G8** Je suis née en 1889 et je suis le monument le plus célèbre de France.
P7 J'ai joué dans «Alice et Martin» et dans «Chocolat».	**G2** Je suis un pays d'Europe où on parle quatre langues.	**D8** Ce projet franco-allemand de télévision est né en 1991.	**P5** Je suis né à Lyon, j'écris des livres pour les jeunes.	**D2** «S.D.F.», qu'est-ce que ça veut dire?
P8 En 2000 et en 2001, j'ai été le meilleur footballeur du monde.	**G5** Je suis en Amérique, mais je suis une province francophone.	**P2** J'ai joué dans des films comme «Astérix».	**G4** On m'appelle «la ville rose», je suis la quatrième ville de France.	**D5** Claude Chabrol est – écrivain? – cinéaste? – savant?
G3 Ma capitale s'appelle «Antanarivo» ou «Tananarive».	**D6** «D.O.M.», qu'est-ce que ça veut dire?	**D7** On y mange sans payer quand on est pauvre.	**G6** Je suis le fleuve qui traverse Nantes.	**P1** Je suis né à Liège et j'ai écrit des romans policiers.

Tandem Dossier 1 (→ Méthodes et stratégies, p. 95)

Mit diesem Tandembogen übt ihr, den Weg anzugeben. Voisin A ist Tourist, Voisin B gibt Voisin A Auskunft. Ihr übt erst einmal mündlich:

1 Legt fest, wer Voisin A und wer Voisin B ist.

2 Faltet den Bogen entlang der Mittellinie.

3 Voisin A hat die linke, Voisin B die rechte Spalte vor sich. Voisin A liest den Satz A vor. Voisin B, der nur die rechte Spalte sieht, beantwortet die Fragen von A und folgt den Regieanweisungen.
Voisin A, der die Lösung vor sich hat, hilft, wenn es nötig ist.

4 Nach einem Durchgang wechselt ihr die Rollen.

Voisin A beginnt.

Voisin A

A: Pardon, Monsieur/Madame, je cherche l'office de tourisme.
B: Vous allez tout droit jusqu'au feu. Là, vous tournez à droite et vous allez jusqu'à la place de Verdun. C'est la grande maison bleue.

A: Merci ... Et la gare, c'est loin d'ici?
B: Il faut prendre le bus ... Vous prenez le (bus) quatorze jusqu'au terminus «La gare».

A: Il faut combien de temps pour y aller?
B: Ça dépend ... dix à vingt minutes ...

A: Oh, là, là, je vais être en retard ... Est-ce qu'il y a une boulangerie dans le quartier?
B: Je connais une bonne boulangerie (dans la) rue Leclerc.

A: Excusez-moi, mais c'est où, la rue Leclerc?
B: Vous traversez la rue et vous continuez jusqu'à la rue Colbert. Là, vous tournez à gauche et c'est tout droit jusqu'à la rue Leclerc.

A: Merci beaucoup, Monsieur/Madame, au revoir.
B: Au revoir.

Voisin A beginnt.

Voisin B

A:
B: Du sagst, er/sie soll bis zur Ampel geradeaus gehen. Da soll er/sie nach rechts abbiegen bis zum Verdun-Platz. Es ist das große blaue Haus.

A:
B: Du erklärst, dass er/sie mit dem Bus hinfahren soll. Er/sie soll die Linie 14 bis zur Endstation „La gare" nehmen.

A:
B: Du antwortest, dass es darauf ankommt und dass man 10 bis 20 Minuten braucht.

A:
B: Du sagst, dass du eine gute Bäckerei in der Leclerc-Straße kennst.

A:
B: Du erklärst, dass er/sie die Straße überqueren soll und bis zur Colbert-Straße gehen soll. Da soll er/sie nach links abbiegen, und von da geht es geradeaus zur Leclerc-Straße.

A:
B: Du verabschiedest dich.

Tandem Dossier 2 (→ Méthodes et stratégies, p. 103)

Mit diesem Tandembogen trainiert ihr, wie man auf Französisch ein Telefongespräch führt. A ist Rezeptionist eines Hotels, B ist ein/e zukünftiger/-e Praktikant/in. Ihr übt erst einmal mündlich:

1 Legt fest, wer Voisin A und wer Voisin B ist.

2 Faltet den Bogen entlang der Mittellinie.

3 Voisin A hat die linke, Voisin B die rechte Spalte vor sich. Voisin A liest den Satz A vor. Voisin B, der nur die rechte Spalte sieht, beantwortet die Fragen von A und folgt den Regieanweisungen.
Voisin A, der die Lösung vor sich hat, hilft, wenn es nötig ist.

4 Nach einem Durchgang wechselt ihr die Rollen.

Voisin A beginnt.

Voisin A

A: Hôtel Beau Séjour, bonjour.
B: Bonjour, je voudrais parler au directeur, s'il vous plaît.

A: C'est de la part de qui?
B: Je m'appelle (Prénom, Nom).

A: Je regrette, mais il est en réunion. Est-ce que vous voulez lui laisser un message?
B: L'été prochain, je ferai un stage dans votre hôtel et M. Blanc m'a demandé de l'appeler aujourd'hui.

A: Est-ce qu'il peut vous rappeler?
B: Oui, bien sûr.

A: À quel numéro?
B: C'est le zéro, zéro, quarante-neuf (numéro de téléphone).

A: Jusqu'à quelle heure est-ce qu'il peut vous appeler?
B: Jusqu'à dix-huit heures.

A: Bon, je lui ferai la commission*, au revoir.
B: Merci, au revoir.

* **je lui ferai la commission** ich werde es ihm ausrichten

Voisin A beginnt.

Voisin B

A:
B: Du begrüßt die Person und sagst, dass du mit dem Direktor sprechen möchtest.

A:
B: Du stellst dich vor.

A:
B: Du erklärst, dass du nächsten Sommer ein Praktikum in ihrem Hotel machen wirst und dass Herr Blanc dich gebeten hat, ihn heute anzurufen.

A:
B: Du bejahst.

A:
B: 00 49 (+ Vorwahl und deine Nummer)

A:
B: Bis 18 Uhr.

A:
B: Du bedankst dich und verabschiedest dich.

* **je lui ferai la commission** ich werde es ihm ausrichten

Tandem Dossier 3 (→ Méthodes et stratégies, p. 102)

Mit diesem Tandembogen übt ihr, wie man wichtige Informationen mitteilt. A ist Telefonist/in beim SAMU (Notarzt), B ist Zeuge/Zeugin eines Unfalls. Ihr übt erst einmal mündlich:

1. Legt fest, wer Voisin A und wer Voisin B ist.
2. Faltet den Bogen entlang der Mittellinie.
3. Voisin A hat die linke, Voisin B die rechte Spalte vor sich. Voisin A liest den Satz A vor. Voisin B, der nur die rechte Spalte sieht, beantwortet die Fragen von A und folgt den Regieanweisungen.
Voisin A, der die Lösung vor sich hat, hilft, wenn es nötig ist.
4. Nach einem Durchgang wechselt ihr die Rollen.

Voisin A beginnt.

Voisin A

A: Ici le SAMU, j'écoute ...
B: Il y a eu un accident sur le Boulevard Saint-Germain.

A: Qu'est-ce qui s'est passé?
B: Une voiture n'a pas vu un vélo.

A: Combien de blessés est-ce qu'il y a?
B: Il y a trois blessés. Je pense qu'il y a un blessé grave: le jeune à vélo. Il a perdu connaissance et il saigne beaucoup.

A: Et les deux autres blessés?
B: Ils sont restés dans leur voiture. La jeune fille a très mal à la tête, l'homme qui est avec elle est très blanc et il a mal au ventre.

A: Où êtes-vous exactement?
B: Sur le Boulevard Saint-Germain, à côté de la station de métro «Odéon».

A: Bon, nous envoyons tout de suite une ambulance.
B: Merci.

Voisin A beginnt.

Voisin B

A:
B: Du sagst, dass es auf dem Boulevard Saint-Germain einen Unfall gab.

A:
B: Du erklärst, dass ein Auto ein Fahrrad nicht gesehen hat.

A:
B: Es gibt drei Verletzte. Der Jugendliche mit dem Fahrrad ist schwer verletzt. Er ist ohnmächtig und blutet sehr.

A:
B: Du erklärst, dass sie in ihrem Auto geblieben sind. Das Mädchen hat starke Kopfschmerzen, der Mann, der bei ihr ist, ist sehr bleich und hat Bauchschmerzen.

A:
B: Du bist auf dem Boulevard Saint-Germain an der U-Bahnstation „Odéon".

A:
B: Du bedankst dich.

Tandem Dossier 4 (→ Méthodes et stratégies, p. 101)

Voisin B macht Ferien in Frankreich und möchte in einer Jugendherberge übernachten. Voisin A ist der père aubergiste. Ihr übt erst einmal mündlich:

1 Legt fest, wer Voisin A und wer Voisin B ist.

2 Faltet den Bogen entlang der Mittellinie.

3 Voisin A hat die linke, Voisin B die rechte Spalte vor sich. Voisin A liest den Satz A vor. Voisin B, der nur die rechte Spalte sieht, beantwortet die Fragen von A und folgt den Regieanweisungen.
Voisin A, der die Lösung vor sich hat, hilft, wenn es nötig ist.

4 Nach einem Durchgang wechselt ihr die Rollen.

Voisin A beginnt.

Voisin A

A: Bonsoir!
B: Bonsoir, est-ce que vous avez une place pour trois nuits?

A: Oui, pas de problème. En ce moment, il y a de la place.
B: Je n'ai pas de carte.

A: Pas de problème, je peux vous en vendre une.
B: Combien ça coûte?

A: Sept euros cinquante.
B: D'accord ... Et combien coûte une place par nuit?

A: Huit euros quarante, petit déjeuner compris.
B: Est-ce qu'il faut louer des draps?

A: Non, vous pouvez prendre votre sac de couchage.
B: Je n'en ai pas.

A: Alors vous devez en louer un. Ça coûte deux euros cinquante.
B: D'accord. À quelle heure est-ce que vous fermez le soir?

A: À vingt-trois heures. Vous êtes au deuxième étage.
B: Merci.

Voisin A beginnt.

Voisin B

A:
B: Du begrüßt die Person und fragst nach einem Platz für drei Nächte.

A:
B: Du sagst, dass du keinen Ausweis hast.

A:
B: Du fragst nach dem Preis.

A:
B: Du bist einverstanden und fragst, was eine Übernachtung kostet.

A:
B: Du möchtest wissen, ob du Bettwäsche mieten sollst.

A:
B: Du antwortest, dass du keinen besitzt.

A:
B: Du bist einverstanden. Du möchtest wissen, wann abends geschlossen wird.

A:
B: Du bedankst dich.

Dossier 1 (bilan autocorrectif, S. 16)

SÉQUENCE 1

1
1. Il ne sait plus quoi dire.
2. Il faut savoir écouter les autres.
3. Il y a un an, on a fait (nous avons fait) un voyage au Canada.

Wenn du Probleme hattest:
→ Übe noch einmal die Rubrik Qu'est-ce qu'on dit? in den Repères auf S. 13, indem du immer eine Spalte abdeckst. Vergiss nicht die Übung 1b (noch einmal) zu machen. Am besten bildest du selbst Sätze nach demselben Muster und schreibst die Sätze auf.
→ Lies den Text der Séquence 1 noch einmal aufmerksam durch (S. 10) und suche nach den Sätzen, die nach demselben Muster gebildet sind. Schreibe sie ebenfalls auf.
→ Lies die Sätze, die du aufgeschrieben hast, regelmäßig durch und versuche sie ggf. auswendig zu lernen.
→ Versuche diese Rewendungen in eigenen Texten und Äußerungen zu verwenden.

2
1. inutilement
2. sérieusement
3. différemment
4. constamment

→ Die Bildung und den Gebrauch der Adverbien kannst du auf S. 13/2 nachschlagen.
→ Du kannst folgende Übungen noch einmal machen:
Livre, S. 11/5; S. 23/3
Carnet, S. 6/3; S. 7/4

3
1. Rien n'est sûr.
2. Personne n'est venu.
3. Rien ne lui plaît.
4. Personne ne sait où il habite.

→ Merke: Im Französischen brauchst du zwei Wörter, im Deutschen nur eins!
→ Die Verwendung der Verneinung kannst du mit Hilfe folgender Übungen trainieren:
Livre, S. 12/6
Carnet, S. 6/2

SÉQUENCE 2

4

a
1. Il doit être prudent en moto.
2. Il doit revenir de la fête avant minuit.
3. Il doit sortir moins souvent.

b
Il faut qu'il écrive à mémé. Il faut qu'il aille chez Jean. Il faut qu'il passe au CDI. Il faut qu'il fasse ses devoirs. Il faut qu'il finisse le dessin pour Léa. Il faut qu'il prenne le pain à la boulangerie.

→ Bildung und Gebrauch des subjonctif kannst du in den Repères, S. 16/1 nachschlagen.
→ Trainiere mit Hilfe folgender Übungen:
Livre, S. 15/2/3
Carnet, S. 9/1/2/3; S. 10/4

SÉQUENCE 3

5
1. Je suis content/e de te voir.
2. Arrêtez de vous disputer.
3. Il n'a pas le temps de lui écrire.

→ Schau dir die Repères auf S. 19/1 noch einmal an.
→ Mache die Übung 1b und bilde weitere Sätze nach demselben Muster.

6

1. Aide-moi à préparer le repas, s'il te plaît.
2. C'est très bien, Paul, continue à faire cet exercice tout seul.
3. Je déteste faire la vaisselle.
4. On peut demander au prof de nous aider.
5. Ma petite sœur m'empêche de travailler tranquillement.

→ Portfolio, S. 86–87

→ Wiederhole die Verben und ihre Anschlüsse mit Hilfe der Repères auf S. 19/2.
→ Schreibe dir die Sätze aus dem Text, S. 17 heraus, in denen solche Konstruktionen verwendet werden, und lerne die Sätze auswendig.
→ Formuliere nach demselben Muster deine eigenen Sätze, die du regelmäßig wiederholen solltest.
→ Trainiere mit folgenden Übungen:
Livre, S. 18/4/5; S. 41/3
Carnet, S. 11/3; S. 12/4/5

Dossier 2 (bilan autocorrectif, S. 31)

SÉQUENCE 1

1

– Qu'est-ce que tu feras plus tard?
+ Je voudrais un métier où on n'est pas stressé et où on gagne bien sa vie.
– Si je comprends bien, tu cherches un métier de rêve. Ça existe, un métier de rêve?

→ Vergiss nicht die wichtigsten Redewendungen der Séquence regelmäßig mit Hilfe der Repères (Qu'est-ce qu'on dit?, S. 29/1) zu üben.
→ Lies den Text auf S. 26 aufmerksam durch und beantworte schriftlich mit Hilfe der im Text verwendeten Redemittel die Frage: Qu'est-ce que tu feras, toi, plus tard? Vergiss nicht deinen Text Korrektur zu lesen. (→ Méthodes et stratégies, S. 108)

2

je jouerai, je finirai, je prendrai, j'irai, j'aurai, je serai, je ferai, je pourrai, je saurai, je viendrai, je verrai, je voudrai

→ Wie man die Verben im futur simple konjugiert, kannst du in den Repères auf S. 29/2 nachlesen.
→ Wenn du Schwierigkeiten hast, dir die Formen zu merken, übst du am besten schriftlich und regelmäßig.
→ Folgende Übungen kannst du wiederholen:
Livre, S. 27/5; S. 41/5
Carnet, S. 20/3; S. 21/4

3

1. S'il fait beau, on dormira sous la tente.
2. Si j'ai assez d'argent, j'achèterai des rollers.
3. Si on a le temps, on ira au musée.
4. S'ils font une fête, ils nous inviteront.

→ Lies die Repères auf S. 29/4 noch einmal durch.
→ Merke: Im si-Satz musst du die Präsensform benutzer, im Hauptsatz verwendest du dann das futur simple.
→ Wiederhole folgende Übungen:
Livre, S. 28/6/7; S. 40/2
Carnet, S. 21/5; S, 22/6

SÉQUENCE 2

4

1. Non, il est moins jeune que lui.
2. Non, il a les cheveux moins courts que lui.
3. Non, il est aussi grand que lui.
4. Non, il est plus gros que lui.
5. Non, il est plus joyeux que lui.

→ Wenn du Probleme mit der Übung hattest, schau dir die Repères auf S. 32/2 noch einmal an.
→ Du kannst mit folgenden Übungen trainieren:
Livre, S. 31/3
Carnet, S. 23/2; S. 24/3

5

1. Lilli conduit moins vite que son amie / sa copine.
2. Il travaille aussi bien que sa sœur.
3. Ici, on mange mieux qu'à la cantine.
4. Anne comprend tout plus vite que les autres.

→ In den Repères, S. 32/3 kannst du nachlesen, wie die Vergleichsformen des Adverbs gebildet werden.
→ Schreibe dir zur Übung alle Sätze aus dem Text, S. 30 heraus, die eine Vergleichsform enthalten.
→ Folgende Übungen helfen dir beim Trainieren:
Livre, S. 31/4
Carnet, S. 24/4/5

SÉQUENCE 3

6
1. le plus beau jour
2. la fille la plus drôle
3. la matière la moins intéressante
4. les meilleurs fruits
5. le chemin le moins long

→ Du kannst die Repères, S. 36/2 noch einmal lesen.
→ Folgende Übungen zum Superlativ des Adjektivs kannst du wiederholen:
Livre, S. 35/6
Carnet, S. 27/3

7
1. le moins souvent
2. le plus vite
3. le mieux
4. le moins
5. le plus longtemps

→ Portfolio, S. 86–87

→ Wie der Superlativ des Adverbs gebildet wird, kannst du in den Repères, S. 36/3 nachlesen.
→ Trainieren kannst du mit Hilfe folgender Übungen:
Livre, S. 35/7
Carnet, S. 27/4; S. 28/5

Dossier 3 *(Solutions du test, p. 36/5)*

Es-tu bien informé(e)?

1. un mouchoir en papier: trois mois
2. une peau de banane: de trois à six mois
3. une allumette: six mois
4. un filtre de cigarette: de un à deux ans
5. un chewing-gum: cinq ans
6. une boîte en aluminium: de dix à cent ans
7. un sac en plastique: de cent à mille ans
8. le verre: quatre mille ans

Dossier 3 (bilan autocorrectif, S. 48)

SÉQUENCE 1

1
1. devrais
2. pourrait
3. pourriez
4. devriez
5. plairait
6. voudrais

→ Die Bildung des conditionnel kannst du in den Repères auf S. 47/2 nachlesen.
→ Merke: futur simple und conditionnel haben denselben Stamm. Sie unterscheiden sich nur durch ihre Endungen. Wiederhole daher beide Formen zusammen, am besten schriftlich.
→ Folgende Übungen kannst du noch einmal machen:
Livre, S. 45/2c/4; S. 46/5; S. 60/2
Carnet, S. 35/3; S. 36/4

2
1. recevoir
2. geste
3. crayon
4. âgée
5. humanitaire
6. cahier
7. association
8. don
9. handicapés
10. récolter
11. chaussures
12. objectif

→ Denke daran, die Vokabeln zu wiederholen. Hierfür kannst du die chronologische Wortliste (S.125–150) benutzen. Sinnvoll ist es auch, schon behandelte Texte noch einmal durchzulesen.
→ Du kannst auch mit deiner Vokabelkartei arbeiten.
→ Du weißt auch, dass du die Wörter besser behalten kannst, wenn du sie in Sachgruppen ordnest bzw. als Gegensatzpaare oder Synonyme (gleichbedeutende Wörter) zusammen lernst.
→ Wörter in Wortfamilien zusammenzufassen erleichtert dir ebenfalls das Behalten des Wortschatzes.
→ Zahlreiche Vokabelübungen im Band 4 helfen dabei, den gelernten Wortschatz zu wiederholen:
Livre, S. 12/7; S. 21/3; S. 27/4; 31/5; S. 38/3; 46/6
Carnet, S. 5/5; S. 7/5; S. 11/2; S. 13/2; S. 19/2; S. 26/2; S. 29/2/3; S. 35/2; S. 36/5

SÉQUENCE 2

3

1. Si nous avions le temps, nous ferions le tour du monde en bateau.
2. Si je ne vivais pas chez mes parents, j'habiterais avec des copains.
3. Si elle savait ça, elle ne serait pas contente.

→ Die Bildung des irrealen Bedingungssatzes kannst du in den Repères auf S. 50/1 nachlesen.
→ Wichtig ist die Unterscheidung zwischen realem und irrealem Bedingungssatz. (S. 29/4)
Merke dir die Zeitenfolgen:
si + présent → futur simple
si + imparfait → conditionnel
→ Wenn du die Konjugationsformen noch nicht sicher beherrschst, wiederhole sie regelmäßig. (→ Les Verbes, S. 113)
→ Trainiere mit Hilfe der folgenden Übungen:
Livre, S. 49/2/3/4; S. 50/7; S. 61/3
Carnet, S. 38/1/2; S. 39/3/4/5

SÉQUENCE 3

4

1. Lequel/Celui
2. Lesquelles/Celles
3. Lesquels/Ceux
4. Laquelle/Celle
5. Lequel/Celui

→ Wenn du Schwierigkeiten hattest, schau dir die Repères, S. 54/2/3 noch einmal an.
→ Am besten lernst du diese Formen auswendig. Wichtig ist es aber auch, das richtige Geschlecht der Nomen zu wissen: Nur so kannst du die richtige Form des Demonstrativpronomens bzw. des Fragepronomens benutzen. Vergiss daher nicht, die Nomen immer mit ihrem Artikel zu lernen und regelmäßig zu wiederholen.
→ Zum Trainieren kannst du folgende Übungen noch einmal schriftlich machen:
Livre, S. 52/3/4
Carnet, S. 41/4/5

SÉQUENCE 4

5

1. C'est difficile à comprendre.
2. Ça ne te suffit pas?
3. Il a envie de faire de la musique.
4. Nous n'avons pas / On n'a pas à leur plaire.

→ Schau dir die Repères, S. 57/1 noch einmal an. Übung 1b von der Rubrik Qu'est-ce qu'on dit? solltest du wiederholen.
→ Lies den Text noch einmal ganz genau durch und schreibe die Sätze auf, in denen diese Ausdrücke vorkommen.
→ Du solltest alle Qu'est-ce qu'on dit? aus den Séquences, die ihr im Unterricht durchgenommen habt, in regelmäßigen Abständen wiederholen.

6

1. Moi, c'est «Tomber la chemise» que je préfère.
2. C'est le chanteur Hakim Amokrane qui me plaît le plus.
3. Moi, ce sont leurs chansons engagées que j'adore.
4. Pour moi, ce sont le pianiste et le guitariste qui jouent le mieux.
5. Très souvent, ce sont les chansons assez légères qui ont du succès.
6. Je pense que c'est leur dernier CD qui se vendra le mieux.
7. Ce sont les jeunes des cités qui critiquent Zebda.
8. Moi, c'est le nom du groupe que je trouve drôle: Zebda veut dire «beurre» en arabe!

→ Wie du im Französischen einen Satzteil hervorheben kannst, kannst du in den Repères, S. 57/2 nachlesen.
→ Mit Hilfe folgender Übungen kannst du noch einmal trainieren:
Livre, S. 56/3/4
Carnet, S. 44/3/4

→ Portfolio, S. 86–87

Dossier 4 (bilan autocorrectif, S. 59)

SÉQUENCE 1

1
1. Hast du etwa vor mich um Geld zu bitten?
2. Worum handelt es sich?
3. Seit unserer Reise nervt er mich.

→ Lies den Text, S. 64–65 noch einmal aufmerksam durch und schreibe die Redewendungen aus dem Text heraus, die du noch nicht aktiv beherrschst. Lerne sie am besten auswendig.
→ Schau dir die Repères, S. 67/1 noch einmal an und wiederhole die Übersetzungsübung 1b.
→ Folgende Übungen helfen dir die wichtigsten Ausdrücke der Séquence zu festigen:
Livre, S. 66/3
Carnet, S. 51/2; 52/3

2
1. Quelle heure est-il?
2. Comment vas-tu?
3. Quand partez-vous?
4. Peux-tu / Pourrais-tu m'aider, (s'il te plaît)?

→ Hast du Probleme mit der Inversionsfrage? Dann schau dir die Repères auf S. 67 an.
→ Mache folgende Übungen noch einmal:
Livre, S. 66/5
Carnet, S. 52/4; S. 53/5

SÉQUENCE 2

3
1. étions/avions regardé
2. est retournée / avait oublié
3. suis arrivé(e) / avais dit

→ Auf S. 71/2 kannst du nachlesen, wie das plus-que-parfait gebildet und gebraucht wird. Schau dir die Skizze ganz genau an.
→ Zum Trainieren solltest du folgende Übungen noch einmal machen:
Livre, S. 69/5; S. 70/6
Carnet, S. 54/1/2

4
1. Pierre n'est ni grand ni gros.
2. Nous ne sommes sortis ni samedi ni dimanche.
3. Je ne parle ni espagnol ni anglais.

→ Schau dir die Repères auf S. 71/3 noch einmal an. Mache die Übersetzungsübung 1b.
→ Wiederhole folgende Übungen:
Livre, S. 70/7
Carnet, S. 54/3

SÉQUENCE 3

5
1. Il ne faut pas généraliser.
2. Ça n'a rien à voir avec cette histoire.
3. Je ne me rappelle plus l'histoire.
4. Je trouve ce roman passionnant.

→ Lies die Repères auf S. 75/1 noch einmal durch. Denke auch daran, die Übersetzungsübung 1b zu machen.
→ Schreibe aus dem Text, S. 72 die Redewendungen heraus und schau dir an, wie und in welcher Situation sie verwendet werden.
→ Mache die Übung im Carnet, S. 58/5 noch einmal und versuche dabei so viele Ausdrücke aus dem Text zu benutzen wie möglich.

6
L'histoire a été filmée par Claude Chabrol. Le film a été tourné en 2003. Les acteurs ont été choisis en France. Le titre a été traduit en allemand par «Die Blume des Bösen». L'histoire a été appréciée par beaucoup de gens.

→ Schau dir die Repères auf S. 75/2 an.
→ Mache folgende Übungen noch einmal:
Livre, S. 73/3; S. 74/4b
Carnet, S. 58/3/4

→ Portfolio, S. 86–87

Dossier 5 (bilan autocorrectif, S. 70)

SÉQUENCE 1

1
1. Ils s'énervent toujours en parlant.
2. Il est parti en oubliant son porte-monnaie.
3. Elles ont eu un accident en allant à Toulouse.

→ Schau dir die Repères auf S. 85/2 noch einmal an.
→ Schreibe dir aus dem Text auf S. 80 die Sätze mit Formen des gérondif heraus. Lies sie regelmäßig und versuche sie auswendig zu lernen.
→ Trainiere mit Hilfe folgender Übungen:
Livre, S. 82/4; S. 83/5
Carnet, S. 64/2/3

SÉQUENCE 2

2
1. Le livre dont j'ai besoin coûte dix euros.
2. Regarde, c'est l'ordinateur dont j'ai envie.

→ In den Repères auf S. 91/2 kannst du nachlesen, wie das Relativpronomen dont verwendet wird. Vergiss nicht die Übung 1b zu machen und lerne die häufig verwendeten Redewendungen auswendig. So wirst du später keine Schwierigkeiten mehr haben sie korrekt zu benutzen.
→ Folgende Übungen kannst du noch einmal machen:
Livre, S. 89/6; S. 90/7
Carnet, S. 66/3; 67/4/5

3
1. Il a dit qu'il n'y avait presque pas d'habitants sur les terres Australes.
2. Il a dit que la terre Adélie faisait 388 500 km².
3. Il a expliqué que les îles Kerguelen portaient le nom d'un marin français.
4. Il a raconté que, sur ces îles, il pleuvait beaucoup et qu'il faisait très froid.

→ Portfolio, S. 86–87

→ Schau dir die Repères auf S. 91/3 an.
→ Wenn du die imparfait-Formen vergessen hast, musst du sie üben. Schau dir im Annexe die Rubrik Les verbes an. Zur Erinnerung: Das imparfait wird aus dem Stamm der 1. Person Plural Präsens (nous-Form) gebildet. An den Stamm hängst du die jeweilige Personalendung an: ais; ais; ait; ions; iez; aient.
→ Zur Zeitenfolge der indirekten Rede in der Vergangenheit kannst du folgende Übungen noch einmal machen:
Livre, S. 89/4/5b
Carnet, S. 68/6/7

Le jeu de la France et de la Francophonie (S. 71)

G1	Le Mont-Blanc	**P1**	Georges Simenon	**D1**	de Gaulle et Adenauer, en 1963
G2	La Suisse	**P2**	Gérard Depardieu	**D2**	«sans domicile fixe». C'est quelqu'un qui n'a pas de maison.
G3	Madagscar	**P3**	Jean de La Fontaine	**D3**	Liège
G4	Toulouse	**P4**	Voltaire	**D4**	quand il y a un accident ou un malade (grave)
G5	Le Québec	**P5**	Azouz Begag	**D5**	cinéaste
G6	La Loire	**P6**	Jean-Pierre Jeunet	**D6**	«département d'outre-mer»
G7	La Provence	**P7**	Juliette Binoche	**D7**	dans les «Restaurants du Cœur»
G8	La Tour Eiffel	**P8**	Zinédine Zidane	**D8**	Arte
				D9	«Office franco-allemand pour la Jeunesse»

Wenn du dich am Ende der 10. Klasse für einen Ausbildungsplatz oder an einer weiterführenden Schule bewirbst, musst du nicht nur Nachweise über deine Fremdsprachenkenntnisse erbringen, sondern auch weitere Angaben zu Art und Dauer deines Sprachenlernens, zu Auslandsaufenthalten und weiteren Beschäftigungen mit der erlernten Sprache machen.
Auf den Seiten 82 bis 85 findest du hierfür im Portfolio de Réalités 4 einen neuen Teil – die **Sprachbiographie** –, in der du die Entwicklung deines eigenen Französisch-Lernens aufzeichnen kannst.
Gehe die einzelnen Rubriken durch, fülle sie aus und ergänze sie regelmäßig.
Auf den Seiten 86 bis 87 befindet sich der dir schon bekannte Teil des Portfolios – der **Sprachenpass** –, mit welchem du in gewohnter Weise deine Französischfortschritte in diesem Lernjahr überprüfen sollst.
Deine besonders gut gelungenen Arbeiten bewahrst du am besten in einem speziellen Ordner auf.
Dieses **Dossier** solltest du nämlich deinen Bewerbungen beifügen. Es können schriftliche Texte in Französisch, aber auch weitere Produktionen auf Ton- oder Videokassette, Diskette oder CD-ROM sein.

Biographie langagière **Sprachbiographie**

Présentation **Ich stelle mich vor**

Je m'appelle ______________________

____

Je suis né(e) le ______________________

à ______________________

J'habite ______________________

____

Langues **Sprachen**

J'apprends le français 1ère / 2ème langue depuis la classe ______________

année scolaire ______________

Dans ma famille, on parle ______________________

____

____

Langues que je parle ______________________

____

____

Séjours à l'étranger Auslandsaufenthalte

Je suis allé(e) dans un pays francophone ☐ oui ☐ non

Quand?	Où?	Pourquoi? (vacances / échange scolaire / stage/ ___)

Lire et écouter

Lectures / B.D. / journaux/ magazines / ___

année/mois	auteur, titre

Films / émissions télévisées / émissions radiophoniques / spectacles / ___

année/mois	titre	thème

Écrire et parler

Exposés, présentations, productions

année/mois	thème
___	___
___	___
___	___
___	___
___	___

Projets

année	thème	mes activités
___	___	___
___	___	___
___	___	___
___	___	___

Contacts (rencontres / téléphone / lettre / e-mail / chat / ____)

Quoi?	Quand? (rarement / souvent / très souvent)
___	___
___	___
___	___
___	___
___	___

Concours/Examens

année	titre	résultats
___	___	___
___	___	___

Savoir faire – savoir apprendre Lern- und Arbeitstechniken

Comment j'apprends le vocabulaire – Wie ich Vokabeln lerne

Comment j'apprends la grammaire – Wie ich Grammatik lerne und besser behalte

Comment je fais pour comprendre un texte – Wie ich mir einen Lesetext erschließe

Comment je fais pour comprendre un texte oral – Wie ich einen Hörtext erschließe

Comment je corrige les textes que j'écris – Wie ich eigene Texte korrigiere

Comment j'améliore ma prononciation – Wie ich meine Aussprache verbessere

Passeport de langues **Sprachenpass**

Hier kannst du deine Französischfortschritte in den Bereichen Hören, Lesen, Sprechen, Schreiben und Landeskunde in diesem Lernjahr feststellen. Schlage deinen Portfolio-Sprachenpass hierzu regelmäßig auf – am besten, nachdem du einen Bilan autocorrectif abgeschlossen hast. Gehe die einzelnen Punkte durch und schätze dich selbst ein.

☒☒☒ sehr gut
☐☒☒ gut
☐☐☒ noch nicht so gut

J'écoute et je sais ...
Ich höre und ich kann ...

... am Telefon den Gesprächspartner verstehen.
... einem Anrufbeantworter Informationen entnehmen.
... Wegbeschreibungen verstehen.
... CD- oder Kassettenaufnahmen zum Lehrwerk verstehen.
... einen Wetterbericht verstehen.
... das Thema eines Gespräches verstehen, auch wenn ich nicht alle Wörter kenne.
... am Fahrkartenschalter, in Geschäften, Gaststätten, Hotels oder in der Jugendherberge die Angestellten verstehen.

J'écris et je sais ...
Ich schreibe und ich kann ...

... Prospektmaterial vom Fremdenverkehrsamt in einem Brief oder einer E-Mail anfordern.
... ein Hotelzimmer reservieren.
... Informationen über Arbeitsmöglichkeiten oder einen Praktikumsplatz einholen.
... einen Lebenslauf und eine Bewerbung schreiben.
... einen Text zusammenfassen.
... die Sehenswürdigkeiten einer Stadt beschreiben.
... ein Land oder eine Gegend vorstellen.

Je parle et je sais ...
Ich spreche und ich kann ...

... Vorschläge machen.
... über die Zukunft sprechen.
... über meine Zukunftspläne und Berufswünsche sprechen.
... Wünsche und Aufforderungen formulieren.
... über meine Beziehung zu anderen sprechen.
... über meine Gefühle sprechen.
... meinen Werdegang beschreiben.
... über Konflikte reden.
... über soziales Engagement reden.
... ein Bewerbungsgespräch für ein Praktikum führen.
... eine Person vorstellen oder ein Thema präsentieren.
... zu einem Film, einem Buch, einer Musik Stellung nehmen.

... nach dem Weg fragen und einen Weg angeben.
... eine Zugfahrkarte kaufen.
... Speisen und Getränke bestellen.
... in Geschäften und Restaurants etwas reklamieren.
... für ein Tefefongespräch wichtige Redemittel anwenden.
... für jemanden Alltagsgespräche dolmetschen.
... um Erklärungen bitten, wenn ich etwas nicht verstehe.
... Wörter und Ausdrücke umschreiben.

Je lis et je sais ...

Ich lese und ich kann ...

... E-Mails aus einem Chat verstehen.
... (förmliche) Briefe verstehen.
... Texte, die den Werdegang einer Person beschreiben, verstehen.
... leichtere authentische literarische Texte verstehen.
... leichtere Artikel aus Jugendzeitschriften verstehen.
... authentische (leichte) Comic-Streifen verstehen.
... Sachtexte und Umfragen verstehen.
... Tests aus französischen Jugendzeitschriften durchführen.
... französische SMS verstehen.
... eigene Texte korrigieren.

Civilisation

Interkulturelles Lernen

Ich habe Wohlfahrts- und Umweltorganisationen kennen gelernt.
Ich weiß etwas über „OFAJ".
Ich weiß etwas über wichtige Etappen der deutsch-französischen Geschichte.
Ich weiß etwas über Voltaire.
Ich weiß, was das „Programme Voltaire" ist.
Ich weiß etwas über französische Regisseure, Schauspieler/innen.
Ich weiß etwas über das heutige französische Kino.
Ich habe etwas über Azouz Begag erfahren.
Ich habe etwas über Georges Simenon erfahren.
Ich habe einige französische Musikgruppen kennen gelernt.
Ich weiß etwas über frankophone Länder.

Géographie de la francophonie

Le français est langue maternelle dans certaines régions ou pour une partie de la population.

Dans ces anciennes colonies françaises, le français est langue officielle et/ou langue d'enseignement.

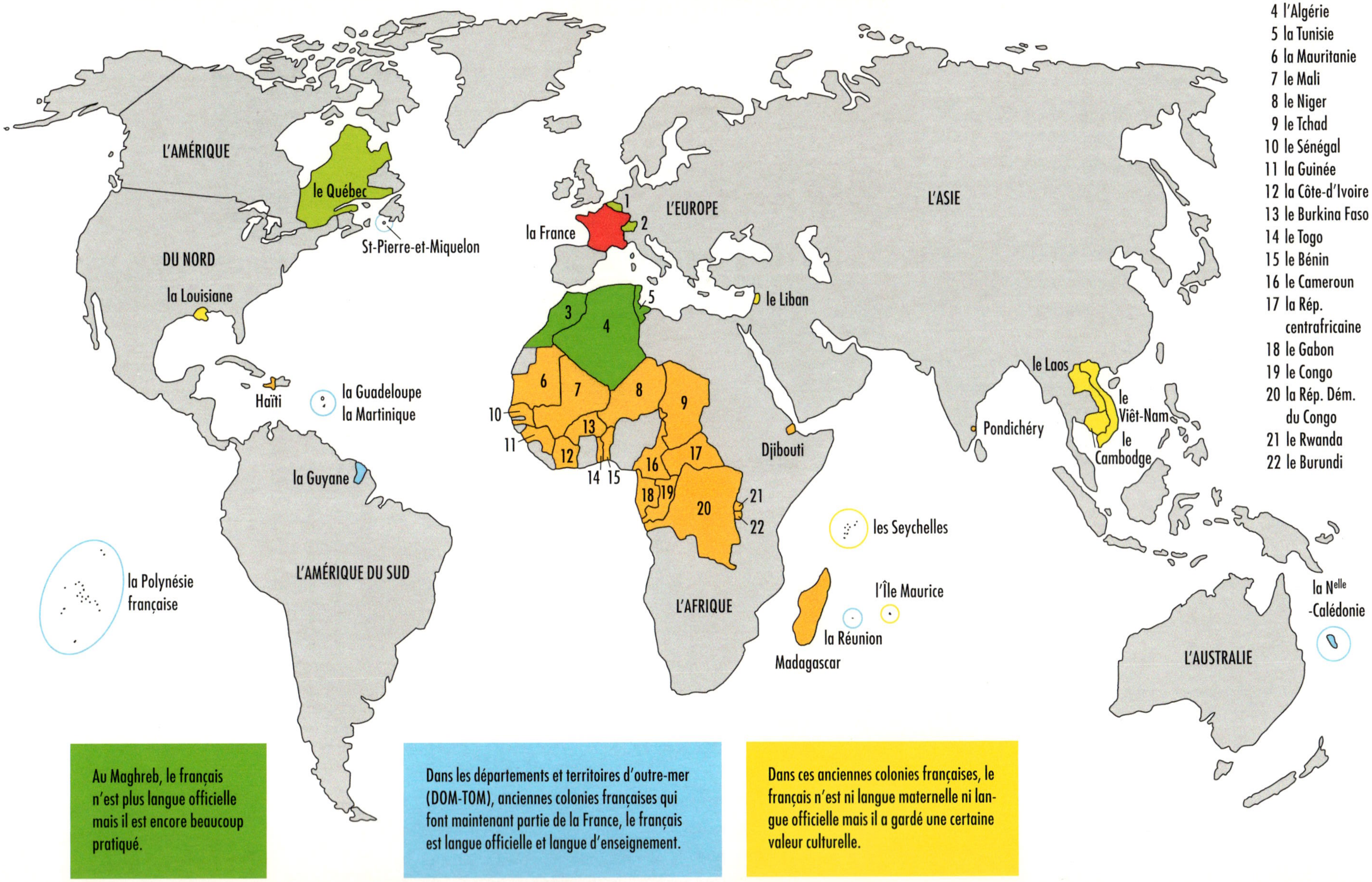

1 la Belgique/ le Luxembourg
2 la Suisse
3 le Maroc
4 l'Algérie
5 la Tunisie
6 la Mauritanie
7 le Mali
8 le Niger
9 le Tchad
10 le Sénégal
11 la Guinée
12 la Côte-d'Ivoire
13 le Burkina Faso
14 le Togo
15 le Bénin
16 le Cameroun
17 la Rép. centrafricaine
18 le Gabon
19 le Congo
20 la Rép. Dém. du Congo
21 le Rwanda
22 le Burundi

Au Maghreb, le français n'est plus langue officielle mais il est encore beaucoup pratiqué.

Dans les départements et territoires d'outre-mer (DOM-TOM), anciennes colonies françaises qui font maintenant partie de la France, le français est langue officielle et langue d'enseignement.

Dans ces anciennes colonies françaises, le français n'est ni langue maternelle ni langue officielle mais il a gardé une certaine valeur culturelle.